CHRISTIANE OLIVIER

L'OGRE INTÉRIEUR

De la violence personnelle et familiale

Fayard

INTRODUCTION

Devant la montée générale de la violence à notre époque, nombre de sociologues, pédagogues, psychologues se penchent sur l'étude de ce phénomène déclaré inquiétant et nouveau. La violence n'est-elle pas de tous les temps ? La relation duelle ne constitue-t-elle pas, depuis toujours, le fondement imaginaire principal de tout conflit à propos de l'Avoir et de tout questionnement sur l'Être ?

On parle volontiers dans les médias de l'amour et de la haine pour les étudier, les attribuer, les justifier dans l'immédiat sans se rendre compte qu'ils sont sous-tendus par la violence de la première alternative existentielle enfants-parents. C'est là qu'il faut prendre le soin d'examiner comment se passe actuellement cette relation affective primaire au sein de la famille, si l'on veut comprendre l'origine puis l'éclatement d'une violence jusque-là contenue.

On attribue la violence aux autres de préférence, car la plupart d'entre nous rêvent d'égalité et de fraternité... Que faire de la rivalité, du vol, du viol, du meurtre, dans une société qui tend de plus en plus vers un « univers » capitaliste, mais ferme les yeux sur les génocides, les infanticides, les crimes sexuels, le suicide, la drogue, l'alcoolisme et le sadisme... « Ça a toujours existé. » Est-ce une raison pour supporter l'insoutenable, faut-il renoncer à tout progrès et à tout humanisme sous prétexte que certains intellectuels parlent de « fin de l'histoire » ?

Je désire aujourd'hui rouvrir le livre de la violence : celle de Yahvé, le créateur si cruel avec sa création, si chiche de ses alliances et perdu dans d'incessantes guerres et calamités... Celle des catholiques envers les huguenots lors des guerres de Religion... Celle des dictateurs au cœur de pierre, durant les génocides de tous les temps. Celle des hommes envers les femmes... La violence des adultes envers les enfants qui n'a jamais cessé et, depuis peu, celle des enfants envers la société tout entière.

On parle des devoirs des parents, des désirs de l'enfant en oubliant toujours que, dès sa naissance, l'enfant n'échappe pas à la suite de contradictions, d'amour et de violence, venant de ses géniteurs qui tantôt l'aiment comme eux-mêmes et tantôt le repoussent comme celui qui les agresse, qui fait irruption entre eux, qui les sépare et les oblige à « se sacrifier », comme disent tellement de parents.

Depuis l'Antiquité – autant dire depuis toujours –, on a *supprimé*, *martyrisé* des bébés, *exploité* les faibles, *enfermé* les récalcitrants, *attaché*, *privé de nourriture*, *rossé*, *brûlé à la cigarette*, *violé* les enfants... N'apprend-on pas presque chaque jour qu'un adulte au visage tranquille, ayant une profession sociale, éducative, ou médicale, a abusé de son autorité pour *forcer* un enfant, le *violer*, l'*humilier*?

La France a été frappée de stupeur en 1997 en apprenant la mise en examen d'un instituteur en retraite, pour *viol et agressions sexuelles sur mineur de moins de 15 ans par personne ayant autorité.* Il est soupçonné d'avoir violé des dizaines de jeunes garçons durant trente ans... Il a fallu le suicide de l'une de ses anciennes victimes pour que la ville sorte enfin de son silence...

Et si la violence n'était un objet de scandale que parce que tout un chacun la porte en soi et la maintient au silence de par son éducation morale ou religieuse, qui condamne le mal et la mort infligés à l'Autre ?

Toute l'éducation est là pour apprendre à l'enfant qu'il fait partie d'une société et doit tenir compte de l'existence de l'Autre, malgré sa tendance première à faire valoir son seul besoin, son seul désir. Chaque être humain, dès sa naissance, a pour caractéristique de ne connaître que ses propres besoins pour se maintenir en vie. La vie de l'Autre importe peu au nourrisson en rage, parce que son désir n'est pas satisfait sans délai !

La force de vie qui habite le bébé est appelée par les psychanalystes libido, du mot latin qui signifie « désir ». L'être humain qui vient au monde conserve intact, malgré la mutation brusque de la naissance, son désir de continuer à vivre et va employer le peu de moyens alors à sa disposition pour y parvenir : il crie et s'agite de façon désordonnée, obligeant son entourage, par sa violence, à reconnaître son existence et ses besoins.

Les animaux apprennent rapidement à chasser et à tuer pour se nourrir, les humains apprennent rapidement à moduler leurs cris pour entrer en communication et exprimer des demandes à leurs parents. Ils ne s'abandonnent au désespoir et à la violence qu'en tout dernier recours.

Au cours de leurs rages, nos enfants ne nous tueraient-ils pas s'ils en avaient les moyens ? Et nous-mêmes, parfois exaspérés par les demandes et l'agressivité de l'enfant, ne disons-nous pas : « Il m'insupporte ! Je le tuerais » ?

Les parents, de tout temps, bénirent l'enfant qui arrivait pour le maudire aussitôt de les empêcher de vivre ! Car la vie est un combat inégal entre le désir d'exister de l'enfant et celui de l'adulte, et si l'enfant accepte sans pouvoir comprendre d'être frappé, dominé, enfermé, en lui grandit un adulte qui, un jour, se vengera... Mais sa vengeance, trop tard assouvie, se tournera vers des objets inadéquats : c'est la violence accumulée inconsciemment qui pousse le casseur, le criminel passionnel ou le *serial killer* à s'en prendre à d'innocentes victimes.

La violence est une force qui a pour but de protéger la vie propre de l'individu au mépris ou au détriment de celle de l'Autre. À n'importe quel moment, sous le coup d'une menace mortelle, cette force primitive peut se réveiller et aller jusqu'à l'annihilation de celui qui est en face.

Le violent est celui qui n'a jamais appris les mots pour s'adresser à l'Autre ou qui les oublie sous le coup de la colère, de la drogue ou de la boisson et retourne au mode d'expression préverbal du FAIRE. La violence, c'est le geste sans parole, c'est l'énergie à vivre sans la communication, la violence c'est le corps qui défend son « droit à être » comme les autres, face au mépris, à l'abandon, à la mise en demeure, à l'exclusion, à l'expulsion.

La violence peut s'attaquer indifféremment à l'individu comme à l'autorité publique, à l'État, car celui qui entre dans le système de la violence est un être qui se sent menacé et pour qui tout ce qui est extérieur est vu comme menaçant depuis longtemps.

La violence, c'est la dernière étape après un long crescendo de mécontentements exprimés ou non par l'individu : cela est vrai des grévistes, comme des délaissés des banlieues, comme des amoureux déçus, comme des adolescents sans avenir.

Pourquoi, depuis quelques années, de plus en plus de jeunes se montrent-ils violents ? Pourquoi de plus en plus d'adultes craignent-ils leurs propres enfants ? Où est passée la morale ? Qui la détient encore ? Que vivent les enfants auprès de leurs parents ? Que dit le petit écran omniprésent dans les foyers et qui parle tout le temps ?

Ce livre vous ouvrira les chemins de la violence alors que ceux de la liberté paraissent, pour l'instant, fermés...

Chapitre premier

GRAINE DE VIOLENCE

J'étais assise par terre, contre le mur et je hurlais de toutes mes forces, le visage déformé par les cris, les yeux brouillés de larmes. J'avais jonché le sol de tous les jouets qui m'entouraient, tenant encore en l'air mon cher Toto, compagnon habituel et sacré de mes jours et de mes nuits. Si lui aussi était prêt à valser, c'est que j'en étais rendue aux extrêmes de mon désespoir, je trouvais tout « mauvais » puisque depuis le début je n'avais pas ce que je voulais.

Voilà, somme toute, la photo jaunie et bien banale d'un caprice d'enfant devant le refus ou l'absence d'une réponse. Ce caprice n'était-il pas la manifestation d'une violence pulsionnelle ? Et n'étais-je pas déjà dans un schéma freudien qui décrit la pulsion comme venant de l'intérieur de soi-même, ayant un but extérieur et pouvant changer d'objet ? Faute d'en vouloir à ma mère absente, j'agressais tous mes jouets ; n'avais-je pas changé d'objet ?

Si personne n'intervenait, n'allais-je pas expédier aussi le cher Toto devenu, lui aussi, non secourable ? Ou allant encore plus loin dans le désespoir et la haine de tout, y compris de moi-même, me taper la tête contre le mur ou me jeter brutalement par terre, en me faisant mal, retournant alors sur moi-même un appel et une rage impuissante auprès des autres? Effectuant ainsi ce que Freud nomma, en 1915[1], le retournement de la pulsion sur soi-même?

Tout adulte peut suivre le même scénario que cette petite fille et dériver sa rage sur un autre objet ou sur lui-même en se frappant ou en se blessant : l'un donne un grand coup de pied dans sa voiture qui n'en peut mais, l'autre casse une pile d'assiettes qui n'avaient pas vu venir le danger, le troisième ferme la porte de l'appartement si violemment que les objets accrochés au mur tombent dans un fracas épouvantable dont le bruit n'est pas pour déplaire à celui qui l'a déclenché. Au moins y a-t-il une preuve tangible de son mécontentement. Dans aucun des cas, l'adulte en question ne s'en est pris à un autre être humain. Par un savant détournement de la pulsion interne, la violence a changé d'objet...

Cet adulte aurait tout aussi bien pu donner un coup de poing dans la porte ou sur le radiateur proche et se faire mal à lui-même, se détournant là aussi de l'autre pour s'autoagresser en place de l'individu incriminé.

Cela tendrait à prouver que le mouvement violent est *primitif*, consécutif à une frustration du désir, mais que dans une certaine mesure, et selon les circonstances ou les individus, il prendra une forme ou une autre, passera par un geste ou un autre, retombera sur une personne ou une autre. Quand on connaît les

1. S. Freud, *Métapsychologie*, Idées/Gallimard, 1968, p. 42.

écrits de Freud, on reconnaît là le devenir ou les détournements possibles d'une pulsion qui pour se réaliser a le choix entre :

- le renversement en son contraire (l'amour se change en haine) ;
- le retournement sur soi-même (qui ne peut attaquer l'autre s'autopunit) ;
- le refoulement (mise à l'écart temporaire ou définitive) ;
- la sublimation (ou détournement du besoin vers une satisfaction de l'esprit) [1].

La violence peut ainsi se retourner en totale apathie ou se transformer en autoagression : blessure, suicide... Ou, le plus souvent, avoir l'air de disparaître momentanément, mais ce n'est que pour aller se terrer ailleurs, dans « l'inconscient » du sujet, quitte à ressortir plus tard, dans d'autres circonstances qui, paraissant différentes, ne réveilleront pas l'interdiction primitive : en fait, toute violence est un « acting-out » temporisé.

La violence, mot dérivé du substantif latin *violentia*, qui implique toujours une force, peut prendre toutes sortes de chemins. Pour celui qui en cherche l'origine, la question première est de savoir si elle est le retournement en son contraire de l'énergie à vivre, donc une pulsion négative orientée vers la mort, ou une pulsion originale orientée vers la conservation de la vie.

1. *Métapsychologie, op. cit.*, p. 25.

Selon Sigmund Freud

Freud fut le premier à vouloir distinguer les pulsions humaines de l'instinct « animal » propre à tous les êtres vivants, comprenant à la fois l'instinct de vie, de reproduction et de protection de l'espèce. C'est ainsi qu'il remanie par trois fois le concept de « pulsion » humaine.

En 1915, dans *Métapsychologie*, il établit la pulsion comme « concept limite » entre le psychique et le somatique.

En 1920, tenant compte des pulsions agressives et violentes, il parle, dans *Au-delà du principe de plaisir*, de deux pulsions fondamentales seulement : Éros, ou pulsion de vie, et Thanatos, ou pulsion de mort. C'est dire comme Freud cherchait à trouver une origine commune et logique à des phénomènes aussi opposés que l'amour et la haine.

Une troisième et dernière fois, en 1935, peu avant sa mort, il revient sur ce problème des pulsions et de leur origine dans l'*Abrégé de psychanalyse*[1] pour définir les pulsions comme plurielles et toutes émanées du « Ça », instance psychique première et archaïque contenant « tout ce que l'être apporte en naissant, tout ce qui a été constitutionnellement déterminé et dont émanent les besoins primordiaux de l'individu ». Il établit la pulsion comme venant de l'intérieur de l'individu, de son Ça et passant par un objet : le corps, pour trouver une satisfaction adaptée.

Satisfaire une pulsion, c'est transformer le besoin

1. *Abrégé de psychanalyse*, PUF, 1946, p. 4, 5.

initial et informel venu du Ça en un acte précis qui a pour effet de décharger la tension ressentie à l'intérieur de l'individu. La pulsion vient donc du *dedans* et par l'intermédiaire du corps et de son activité, elle trouve une réalisation dans le monde *extérieur*, établissant ainsi une nouvelle instance : le « Moi » qui agit comme filtre et agent adaptateur des pulsions au monde réel, appelé aussi « Ego » par certains.

Les parents sont dans la vie les premiers à faire face aux besoins pulsionnels de leur enfant naissant et c'est à eux qu'incombe la tâche de satisfaire, différer ou détourner pendant un temps ces pulsions. Les adultes disposent à cet effet de tout un éventail de conduites pour distraire temporairement l'enfant de son besoin primitif : il pleure parce qu'il a faim, on le prend dans les bras, on le promène, on lui chante une chanson, on agite un objet coloré sous ses yeux ou on lui donne la tétine, substitut du biberon qui fait taire pour un instant le « ventre creux » : cela veut dire que les besoins primitifs peuvent être dérivés, sublimés ou adaptés à d'autres satisfactions indirectes, que l'enfant apprend à accepter.

Peu à peu, les parents, par leurs actes et leurs paroles, inventent pour leur enfant des satisfactions de l'esprit et du corps de plus en plus éloignées des pulsions premières : manger, boire et dormir. L'enfant peut passer des heures à écouter et à regarder la boîte à musique suspendue au-dessus de son lit et plus tard il passera des heures à « jouer », c'est-à-dire à créer dans sa tête des situations fictives et à obtenir par ses actes les résultats souhaités (remplir et vider un gobelet, faire des pâtés de sable, etc.). Il construit ainsi son Moi conscient et désirant, son Ego.

Prenons l'exemple d'un enfant qui veut mettre quelque chose au milieu de lui : il veut se remplir, manger des cailloux. Progressivement, sous l'effet de la défense parentale, il évoluera et finira par les mettre dans un seau... et il s'amusera tout autant. Il met la petite boîte dans la grande, empile les cubes pour faire grandir la tour : il devient successivement *vide ou plein* comme le seau, *grand ou petit* comme la tour.

Freud, à ce propos, écrit : « Sous l'influence du monde extérieur [Freud aurait pu dire des parents], une fraction du Ça subit une évolution particulière [...] une organisation spéciale s'établit qui va servir d'intermédiaire entre le Ça et l'extérieur [...]. Le Moi dispose du contrôle des mouvements volontaires, il assure l'auto-affirmation et, pour ce qui concerne l'extérieur, remplit la tâche d'apprendre à connaître les excitations, en accumulant (dans la mémoire) les expériences, évitant les excitations trop fortes (par la fuite), s'accommodant des excitations modérées (par l'adaptation), [...]. Il recouvre ainsi toute la vie de la relation avec l'autre, puis les autres[1]. »

Le Ça est demandeur, mais doit accepter les tractations du Moi en fonction de la réalité. Freud nomme « Surmoi » la troisième instance psychique, en relation avec l'influence parentale qui permet ceci et défend cela. « Ce n'est évidemment pas la seule personnalité des parents qui agit sur l'enfant mais, transmise par eux, l'influence des traditions familiales, raciales et

1. S. Freud, *Abrégé de psychanalyse*, *op. cit.*, p. 5.

nationales[1]. » Le Surmoi, c'est la parole intérieure du sujet transmise par la famille.

Donc Freud est arrivé, après plusieurs étapes, à une topique de la psyché en trois instances :

- le Ça, réservoir de toutes les pulsions;
- le Moi, médiateur adapté entre le désir fondamental et la réalité, agissant par l'intermédiaire du corps moteur;
- le Surmoi, instance morale transmise par les parents et réceptacle de toutes les lois sociales qui régissent cette famille et régneront sur la vie de l'individu.

Et la violence? La violence du corps brutale, rapide comme l'éclair, laquelle de ces trois instances en est comptable? Qui en a besoin? Quand se met-elle en action? Pourquoi Freud ne l'a-t-il pas rangée dans le Ça avec les pulsions de vie, comme pulsion protectrice et défensive des autres pulsions face à la réalité? Pourquoi ne pas avoir envisagé la violence comme pulsion autoprotectrice et passant ou non par le crible du Moi, selon que la personne est attaquée dans son corps, c'est-à-dire sa vie de relation, ou dans son Moi, sa vie affective? Il y aurait ainsi deux sortes de violence, celle venue du Ça, égoïste, sauvage, étranger aux autres et donc possiblement meurtrier, et celle passée par le filtre du Moi conscient et capable de prendre des chemins variés : vengeance physique ou psychique, sadisme, cruauté, vol, viol et, parfois, mort concertée.

Il semble donc que Freud ait eu quelques difficultés à élaborer une théorie qui fasse de la jalousie et de la

1. *Ibid.*

violence autre chose qu'une conséquence de l'œdipe avec la mère. Tout retourne sans cesse à une seule problématique, celle qu'il venait de découvrir, le lien prégénital à sa mère... Plutôt que de nous parler d'affrontement ou de désaccord avec Jacob Freud, son père, il a préféré parler de la haine et de la violence comme d'une sorte d'héritage appartenant à une histoire archaïque et mortifère entre Moïse et ses fils, dans les temps lointains d'une judaïté dont il était issu, mais trop ancienne pour le concerner vraiment.

Certains psychanalystes ont trouvé un peu arbitraire d'analyser ainsi la libido humaine et d'opposer un tel refus à la pulsion destructrice qui apparaît chez l'humain dès ses premiers jours et ses premières heures. Ainsi Karl Abraham, en 1916, dans ses travaux sur « l'étape prégénitale la plus précoce du développement de la libido » nous parle-t-il de l'organisation progressive de cette libido, la faisant débuter là, dans la période orale primitive, où l'enfant, sans aucun frein moral, considère tout ce qui est extérieur comme pouvant être mis à l'intérieur, « introjecté », et donc détruit à son bénéfice. L'Autre n'existe pas encore et l'égoïsme du Ça est alors la seule loi du sujet.

L'enfant serait seul « sujet », tout le reste, parents y compris, n'étant qu'objets à intégrer. De ce comportement initial, Karl Abraham induit le fameux fantasme infantile de l'agresseur agressé, illustré par la crainte du loup-garou qui mange les enfants. Karl Abraham considère donc la violence comme une pulsion orientée vers l'incorporation de l'objet externe. La violence serait donc, sous sa première forme, « cannibale », et aurait pour effet d'intégrer l'Autre pour l'utiliser à ses propres fins, ou faims.

Selon Melanie Klein

Melanie Klein, reprenant l'historique de la libido, parle également de « stade cannibalique », y ajoutant une théorie narcissique qui met en rapport le bien-être de l'enfant avec l'ingestion du bon sein, et l'état dépressif avec l'ingestion du mauvais sein, c'est-à-dire donné par une mère habitée par des fantasmes destructeurs envers l'enfant.

Toutes les représentations parentales sont l'objet pour Melanie Klein de dynamismes imaginaires violents. On peut noter qu'elle est certainement à l'origine, à la suite de Karl Abraham, de la naissance d'une théorie des pulsions beaucoup plus claire que celle de Freud, ce dernier, comme nous l'avons vu, avait un problème personnel avec la pulsion de destructivité et la pulsion de mort qu'il se refusait d'éprouver à l'endroit de son père.

Dans la présentation du livre kleinien *Le Développement de la psychanalyse*, Joan Rivière écrit : « L'exemple le plus important de l'attitude d'indécision de Freud lui-même à l'égard de ses théories est celui de la formation des pulsions de vie et de mort[1]. »

Et Paula Heimann, dans ce même livre, écrit : « Pendant qu'au début de la vie les pulsions orales règnent complètement sur les autres nécessité pulsionnelles, le

1. M. Klein, *Le Développement de la psychanalyse*, PUF, 1966.

bébé prend contact avec ses objets comme avant tout destinés à sa bouche. C'est-à-dire que pour lui, un objet est avant tout ce qu'il goûte : *si c'est bon, on l'avale; si c'est mauvais, on le crache.* Le fantasme inconscient est un processus dynamique. L'objet avalé est incorporé ou bien craché et expulsé, et les mécanismes d'introjection et de projection sont liés aux sensations et aux fantasmes vécus dans le contact avec l'objet[1]. »

Cela décrit très bien comment le bébé, dans sa pulsion orale d'autoconservation, voulant se nourrir et éprouver le plein à l'intérieur de lui-même, prend contact avec le monde pour le mettre au milieu de lui et en éprouve ou non du contentement. Curieux mélange qui nous frappe toujours : l'enfant vit ses premiers mois « mélangé » à l'extérieur, du fait que l'objet passant de *l'extérieur à l'intérieur* peut, selon qu'il est ressenti bon ou mauvais, faire ou non partie de lui-même.

Dès le départ, il y a un *sujet*, le bébé, et un *objet* externe qui tendent à ne faire qu'un : *le sujet plein de l'objet.* Ainsi, écrit Paula Heimann, « les limites corporelles sont brouillées ». L'enfant en colère est alors en colère contre tout : lui et l'Autre, le dedans et le dehors, tout va mal mais le mal n'est pas attribué et le bébé se bat de toutes ses forces et en tous sens car le mal-être est partout. La violence envahit tout son espace psychique qui ne connaît encore ni intérieur ni extérieur, ni lui ni l'Autre (il n'a pas encore de Moi et n'obéit qu'aux pulsions de son Ça).

1. *Ibid.*, p. 134.

Ce mélange de l'extérieur et de l'intérieur, de soi et de l'Autre dans le monde prégénital explique le dérapage que peut suivre la violence passant de soi à l'Autre ou de l'Autre à soi à l'âge adulte, quand l'émoi devient tel que l'individu est renvoyé à ses réflexes primitifs d'autodéfense. Somme toute il apparaît qu'à certains moments de rage, nous sommes capables de dire, faisant abstraction du Surmoi : « Il m'énerve, je voudrais le bouffer. » Inversement, ne dit-on pas devant un bébé : « Il est si mignon qu'on en mangerait » ? Pourtant nous ne sommes pas anthropophages ! Mais quelque part nous nous souvenons que tout ce qui est bon ou mauvais passe d'abord par la bouche.

La bouche, l'organe sélectif du nouveau-né, reste tout au long de la vie le lieu privilégié de l'expression de l'amour ou de la haine : on embrasse et on dit des mots d'amour à ceux qu'on aime faute de les avaler, et on mord, on invective ceux qu'on déteste faute de pouvoir les cracher, les annihiler, les tuer...

Rappelons-nous le film magnifique de Fernando Arrabal : un homme a juré à son ami malade que, s'il venait à mourir, il le mangerait pour le garder « au milieu de lui[1] ».

On évoquera aussi l'eucharistie chrétienne au cours de laquelle les fidèles sont censés manger « le corps du Christ » pour qu'il habite en eux selon la parole évangélique de Jésus : « Prenez et mangez, ceci est mon corps[2]. » On mangerait ceux qu'on aime quand on est amoureux... pour les garder toujours avec nous. Le

1. *J'irai comme un cheval fou*, 1973.
2. Matthieu, XXVI, 26.

baiser amoureux dévorateur nous fait croire à une appartenance, souvenance de la symbiose perdue le jour de notre naissance et retrouvée là dans cette seule bouche pour deux.

Nous verrons que la violence de type anal, plus tardive, est une violence de type dominatoire et séparatrice avec besoin de tenir l'Autre en son pouvoir, contrairement à la violence orale qui veut tout réduire à néant, y compris soi-même.

Melanie Klein est certainement l'analyste qui a le plus examiné le nouveau-né dans ses premiers mois. Elle en a tiré des conclusions tout à fait bouleversantes quant à la violence des émois infantiles, dont elle pense qu'ils laissent une trace indélébile sur la violence des émois adultes et amoureux.

Avec elle, nous comprenons ce que nous n'avions pas saisi avec Freud : comment l'objet de la pulsion venue du Ça vise la satisfaction du besoin et combien cette pulsion de vie comporte d'intensité, que ce soit en *négatif* ou en *positif*, tant que le Surmoi est inexistant. Là où Freud hésitait à utiliser le mot « destruction », Melanie Klein parle de pulsions « orales-destructrices » et elle suppose une interaction permanente entre « les pulsions libidinales et les pulsions agressives, correspondant à la fusion entre les instincts de vie et les instincts de mort ». La baisse de tension ou satisfaction se situerait lorsque se produit un équilibre optimal entre pulsions libidinales et pulsions agressives.

« Les expériences successives de gratification et frustration sont des stimulis puissants pour les pulsions libidinales et destructrices, pour l'amour et pour la haine[1]. » Voilà quelqu'un qui, contrairement à Freud, suppose qu'il y a antagonisme et parfois équilibre entre amour et haine.

C'est un sérieux progrès dans la compréhension des pulsions agressives et violentes : l'enfant n'est ni bon ni mauvais mais, par l'effet de ce qui lui est accordé ou refusé par le parent nourricier, l'enfant éprouve des émotions extrêmement puissantes. « Il est caractéristique des émotions du très jeune enfant qu'elles soient d'une nature extrême et puissante. L'objet “mauvais”, frustrateur, est senti comme persécuteur terrible, le sein “bon” tend à devenir l'objet “idéal” qui satisferait le désir vorace d'une gratification illimitée immédiate, interminable[2]. »

Ou, dit autrement par Paula Heimann : « Les relations d'objet infantiles sont fluides et oscillent entre des extrêmes. Il y a une tendance aux réactions massives. Les sentiments sont tout bons ou tout mauvais, comme l'est l'objet pour le bébé. Les tonalités intermédiaires font défaut[3]. » Le temps de l'oralité est celui de l'extrémisme pour l'enfant comme pour le parent qui ressent l'enfant tour à tour si bon qu'on en mangerait ou si gênant qu'on le tuerait; et l'enfant, encore tout imbriqué à l'Autre, ressent les mêmes contradictions, allant de l'extrême amour à l'extrême haine vis-à-vis de l'extérieur-intérieur que sont pour lui ses parents.

Dans la relation d'objet orale, sujet et objet se

---

1. *Le Développement de la psychanalyse*, p. 189.
2. *Ibid.*, p. 191.
3. *Ibid.*, p. 135.

confondent et tout peut devenir « mauvais », en un seul instant, aussi bien l'objet que le sujet. Ainsi se comprend *le cheminement exact de la violence adulte* où en un instant tout ce qui est extérieur, tous ceux qui sont alentour peuvent être ressentis comme « mauvais objets » à détruire ou contre qui hurler... La violence adulte est à l'origine d'actes monstrueux car l'homme qui se déchaîne est capable de cogner, casser, tuer, alors que le bébé *en proie aux mêmes sentiments* ne peut que hurler, nous « casser les oreilles » et rester collé au fond de son berceau, impuissant à atteindre l'Autre. Mais les deux comportements, du bébé et de l'adulte, sont l'expression du même schéma intérieur.

Alice Miller

Alice Miller, qui a étudié les chemins de la violence face aux contraintes parentales, a reconnu son apparition dès les premiers jours de la vie du nouveau-né, face à des éducateurs dont l'éducation recouvre parfois le désir de soumettre l'Autre, pour le rendre « obéissant ». Se basant sur la toute-puissance de l'inconscient parental, par rapport à la faiblesse du Moi du nouveau-né, elle n'hésite pas à écrire :

« On peut faire de l'enfant une foule de choses dans les deux premières années de sa vie, le plier, disposer de lui, lui enseigner les bonnes habitudes, le corriger et le punir sans qu'il arrive quoi que ce soit, sans que l'enfant se venge. Il n'empêche qu'il ne parvient à surmonter sans difficulté l'injustice qui lui a été faite qu'à la condition de pouvoir se défendre, autrement dit à la condition de pouvoir donner à sa souffrance et à sa colère une expression structurée. S'il lui est interdit de réagir à sa manière parce que les parents ne supportent pas ses réactions (cris, tristesse, colère), l'enfant apprend à se taire. Si les réactions adéquates de vexations, aux humiliations et aux violences subies sont exclues, elles ne peuvent pas non plus être intégrées à la personnalité, les sentiments sont refoulés et le besoin de les exprimer demeure insatisfait et sans espoir de satisfaction. [...] Mais qu'advient-il de cette colère interdite et non vécue[1] ? »

Selon Alice Miller, cette colère des débuts de la vie ne s'évanouit pas mais se transforme, avec le temps, en une haine plus ou moins consciente de son propre Soi (retournement sur soi), ou de personnes de substitution (changement d'objet), ou encore cherche divers moyens de se décharger à travers des comportements permis à l'adulte et bien adaptés (refoulement suivi de réalisation dans des conditions autorisées). Nous apprenons avec Alice Miller à quel point, selon le refoulement imposé par les parents, la violence ne fait que *s'accumuler* pendant l'enfance, pour mieux *réapparaître* à l'adolescence et à l'âge adulte ; ce que nous avait appris Freud : refoulée, la violence attend un autre ennemi, un autre jour, un autre lieu que la famille, pour se donner libre cours.

1. Alice Miller, *C'est pour ton bien*, Aubier Montaigne, 1984, p. 19.

Jean Bergeret

Quant à Jean Bergeret, dans son remarquable livre *La Violence fondamentale*, il situe plus explicitement encore la nécessité de cette violence archaïque dans une lutte première avec les géniteurs, lutte qui n'est pas dans les premiers mois une lutte agressive pour l'amour, mais une lutte violente pour la vie !

« L'hypothèse centrale autour de laquelle j'ai centré mon argumentation est celle qui postule l'existence d'une *violence fondamentale*, considérée comme un "instinct" de type animal et non comme une pulsion [...]. Le dynamisme fondamental serait donc à mon sens d'ordre violent[1]. »

Ce qui signifie que la libido, ou désir de vivre de l'individu, serait doublée d'un instinct protecteur de la vie, la « violence ». En effet, on peut tout faire avec violence dans la mesure où ça devient une question de vie ou de mort...

Je pense comme Jean Bergeret que la violence pure et essentielle, qui est sans objet autre que la vie, prend naissance bien avant l'œdipe.

« La conception essentielle ambivalente du conflit œdipien paraît tout à fait incontestable, mais les conflits précocissimes ne peuvent prendre en compte une telle problématique : la violence fondamentale paraît trouver sa place du côté du groupe des "pulsions" dites d'autoconservation[2]. »

---

1. Jean Bergeret, *La Violence fondamentale*, Dunod, 1996, p. 222.
2. *Ibid.*, p. 217.

Pour établir un lien entre Freud et Bergeret, je dirais que le mot d'« instinct » ne convenait pas à Freud, qui voyait l'être humain comme ayant un mode de réalisation et une recherche de plaisir beaucoup plus différenciés que l'animal et a cherché sans arrêt à maintenir une distance entre l'instinct animal et le Ça humain. Ce qui l'a obligé à parler de « pulsions » venues d'un Ça primitif et secret, chaque pulsion ayant un objet, un but, et un détournement possible. Mais une pulsion ne ressemblait à aucune autre : la violence ! Elle avait un but : l'autoprotection de l'individu. Par quel chemin passait-elle ? Qu'est-ce qui l'obligeait à changer d'itinéraire ? Quelle dérivation était possible pour elle ? Il aurait pourtant suffi à Freud, pour répondre à ces questions, me semble-t-il, d'imaginer une pulsion « protectrice du désir », c'est-à-dire prête à détruire, annihiler tout ce qui entrave la réalisation du désir.

La violence primitive est celle qui échappe à la transformation du Moi prévue par Freud. Elle reste toujours du côté du Ça préexistant, avec ses caractéristiques d'urgence, sauvagerie, égoïsme : elle intervient exclusivement pour protéger un individu, ignorant tous les autres.

On serait donc d'autant plus violent que peu humanisé, peu éduqué par des parents absents, ou incultes, étrangers à la sublimation : les êtres les plus violents ne sont-ils pas, en général, les plus immatures, et les moins cultivés ? Le problème d'aujourd'hui paraît venir du côté des parents qui omettent souvent de parler et de donner les clés et les réponses nécessaires à la vie psychologique de leurs enfants. Ils seraient plus soucieux de les nourrir et de les héberger – obéissant ainsi au Surmoi des sociétés contemporaines qui mettent l'accent sur le bien-être corporel – que de veiller à l'évolution de leur vie imaginaire et affective.

Les enfants d'aujourd'hui ont un Moi faible faute d'être éduqués, et donc un Ça qui prend de plus en plus de place, et qu'il faut alimenter sans cesse par de la nourriture, de la boisson, des biens de consommation, sous peine de voir les adolescents devenir violents et injustes : on tue pour un blouson, on blesse pour une auto, on étrangle pour un sac à main. La violence actuelle est celle de gens qui n'arrivent pas à évoluer culturellement, prisonniers du désir d'« avoir » et de « se remplir » quels que soient les moyens. L'ouverture au monde, à l'Autre, par l'éducation, par l'initiation à la musique, à la lecture, à la poésie, donc par la sublimation, n'est pas faite. La violence tue d'abord l'Autre, car pour le Ça du tueur, l'Autre n'a pas d'existence préalable, il n'a jamais existé... il sera tout au plus un corps écroulé au milieu d'une mare de sang... C'est du moins ce que nous voyons trop souvent sur le petit écran de la télé familiale !

C'est au départ qu'il faut prendre le phénomène de la violence, si on veut le comprendre, c'est dans l'absence d'identification à l'Autre qu'il débute, avec des parents non éduquants ou des parents qui ne considèrent pas l'enfant comme une personne (ce que nous étudierons chez les parents maltraitants qui engendrent des êtres violents et indifférents aux autres).

Il est clair que si nous naissons tous égaux du côté de la libido, nous ne tardons pas à tomber dans l'inégalité du fait du rapport de nos parents à leur propre inconscient, au sein duquel se tient leur relation archaïque à la violence de l'Autre.

Ainsi, comprend-on déjà qu'un milieu familial peut être plus ou moins créateur et transmetteur de violence... sans le savoir, sans le vouloir... La violence d'un nouveau-né n'étant pas souvent perçue comme ce qu'elle est : l'acharnement à vivre.

Chapitre II

LES DEUX VIOLENCES

Dès les premières heures de la vie on peut observer à quel point le *besoin de survivre* déclenche une *réaction violente défensive* immédiate venant du plus profond de l'être, face aux événements extérieurs.

L'enfant prêt à naître, si habituellement tranquille dans l'habitacle maternel, se sent tout à coup bousculé par les violentes contractions utérines, en même temps que les constantes de sa vie de fœtus le lâchent toutes à la fois. Il passe brutalement d'un milieu aquatique à un milieu aérien et « vide » où il a la sensation de ne plus reposer sur rien de connu et entourant, comme dans le ventre maternel. Il découvre le manque, le vide, mais il veut vivre quand même : son Ça le veut et toutes ses pulsions primitives vont y concourir.

Essayant d'ouvrir la bouche pour retrouver le liquide amniotique rassurant, voilà qu'il avale du « rien » et que ses poumons, s'emplissant d'air, le forcent à pousser sa première expiration qui n'est qu'un cri informe, premier cri qui ne s'adresse à personne, signal d'alarme d'un Ça qui fonctionne et demande à continuer de vivre malgré la catastrophe.

Il semble que l'enfant soit l'objet d'une pulsion de vie essentielle jaillie de son corps : « ça » respire en lui, et il devient un être vivant dépendant de sa respiration et de l'air qui l'entoure, alors que quelques minutes seulement auparavant il ne dépendait que de l'eau.

Adultes, mis en situation d'angoisse extrême, nous crierons de façon réflexe, comme si c'était la première défense du corps, avant que de songer à parer à la catastrophe. C'est l'angoisse première qui traverse notre corps et crie à travers nous. Nous disons fort justement en langage courant que « ça » nous a pris à la gorge. Il s'agit bien de notre Ça primitif qui se défend en cas d'attaque. Notre corps semble alors nous échapper et aller plus vite que nous : étrange psychosomatique dont nous sommes à la fois le théâtre et les acteurs, curieuse mémoire du corps qui fait que devant une terrible émotion, les uns crient « Pitié ! » d'autres se mettent le poing dans la bouche, tandis que certains vont jusqu'à arrêter de respirer, retournant à un état antérieur à leur venue au monde.

N'importe qui d'entre nous, mis en situation d'angoisse ou de péril peut, pour se sauver lui-même, commettre des gestes d'une extrême violence : pousser, écraser, étouffer l'autre qui alors ne compte plus, n'existe plus : voir les moments de panique, les ruées meurtrières que déclenchent un accident, une explosion, un incendie, une inondation... Devant un danger, le cri allié à la violence semble la réponse la plus rapide (tel l'arc réflexe court de notre système nerveux), la mieux adaptée à la situation.

Quand nous n'avons pas le temps des mots, notre corps n'a-t-il pas, lui, toujours le temps des gestes? Comme s'il était porteur à travers le Ça d'une réponse réflexe radicale en faveur de la vie. Que sont les tics, sinon des mouvements du corps venus du Ça ébauchés pour une défense éventuelle? (agitation des jambes sous la table comme pour donner un coup de pied, haussements d'épaules hautains, clignements des yeux pour mieux voir, fermeture des yeux pour ne pas voir, mains derrière le dos pour les dérober aux regards, etc.)

Ce qui frappe chez le nouveau-né, c'est la violence de ses cris et de ses gestes, comme s'il devait se défendre seul coûte que coûte contre un danger imminent... Chacun de nous a fait l'expérience de laisser quelques minutes l'enfant seul et de le retrouver, hurlant, transpirant, cramoisi, se griffant le visage dans des gestes désordonnés... Les premières crises de violence du bébé se situent entre le *dehors* et le *dedans*, hors communication avec l'humain et disproportionnées par rapport à l'objet manquant. Ces crises ont toutes les caractéristiques des pulsions primitives sauvages, émanant du Ça, avant toute éducation et communication humaine.

Le parent, par son intervention, transforme le cri en demande et propose des réponses : des objets tels que tétine, nourriture, change, etc., qui vont rapidement tirer l'enfant de son état de « manque » indéfini et lui donner accès à un autre monde, tout à découvrir : celui du Moi et de la réalité, celui de l'air, de la lumière, du toucher, de la voix humaine. L'enfant, grâce à ses cinq sens, prend ses repères et en trois jours s'habitue à sa nouvelle réalité. Il pleure de moins en moins et dès qu'il ressent le vide, le manque, et qu'il fait mine de pleurer, on se précipite vers lui pour lui proposer de le tirer de là par un changement de position, d'état, de bras... Les premiers jours d'un bébé sont marqués par la présence attentive de parents qui refusent que leur nouveau-né souffre de « dépaysement », hurle de solitude, et veulent le faire entrer dans la réalité de leur monde communicant.

La violence d'un bébé est toujours due à l'inconnu de sa situation : il a changé d'habitat, il ne dispose plus de ce qu'il avait précédemment, et ne sait d'ailleurs pas consciemment ce qui lui fait défaut. Les parents sont là comme moniteurs essentiels de vie humaine; ils transforment le mal-être global en un besoin précis : ils parlent, bercent, nourrissent, caressent le visage, tous signifiants qui permettront à l'être humain, par la suite, de régresser, de se régénérer, de se reposer d'une vie active et stressante où l'on ne peut même plus pleurer quand on est grand... Mais on peut se faire nourrir dans un restaurant, on peut se délasser dans un sauna, on peut se balancer dans un hamac, se faire transporter en voiture, prendre un bain chaud, etc. On peut même « se remplir » de musique ou « se repaître » du bruit du vent ou de la mer.

Dans la vie infantile, le cri se situe entre la pulsion informelle et l'objet adéquat, et c'est le parent qui, en intervenant, fait que le cri devient « parole », « demande d'aide » adéquate, ce qu'il n'était pas *a priori*. Peu à peu, le bébé apprend que son cri déclenche l'aide parentale et se met à crier pour être

« dépanné », il apprend à moduler ses cris selon son besoin et les parents apprennent à distinguer de loin de quoi il s'agit. La communication est établie : à une demande correspond une réponse, mais la violence inarticulée de ce premier cri réapparaîtra chaque fois que l'enfant se sentira en péril ou abandonné.

Ainsi hurlera l'adulte qui se trouve pris dans une situation de catastrophe, se sachant irrémédiablement perdu – lors de la chute d'un avion, au cours de la lente immersion d'un paquebot, ou lors des premières secousses d'un séisme. Les rares rescapés font toujours mention d'horribles cris jaillis de toutes les bouches... Ces cris ne servent à rien mais sortent du corps comme ultime défense inconsciente face à l'angoisse de la mort.

Oralité : le tout ou le rien

Il n'y a pas que la voix qui se tétanise dans un cri désespéré, le corps du bébé lui-même, dès qu'il est porté et tenu dans le vide, comme lors du passage du lit au bain, se tend et se raidit, les bras désespérément écartés, comme pour se raccrocher à quelque chose ou rétablir un équilibre perdu. Ses mains s'ouvrent dramatiquement, à la recherche de quelque chose qui puisse arrêter cette sensation de chute dans l'air... De même, l'adulte menacé de chute ou de blessure sent son corps se tétaniser, entrer en résistance violente contre le danger... Le corps n'oublie jamais que la sécurité *c'est le plein et non le vide.*

La violence orale a la caractéristique de l'âge oral :

le totalitarisme du « je veux survivre, mon corps veut vivre et être plein ». Cette violence doit être distinguée de la cruauté ou du sadisme anal, ayant pour objet de vivre selon son désir et en tâchant de soumettre l'Autre à ce désir. L'âge anal est celui de l'assomption en puissance de l'enfant dont le Moi se dresse face à la puissance établie des parents.

La violence orale primitive, quand elle refait surface, a toujours pour objet la sauvegarde de l'individu et de l'être, menacé moralement ou physiquement d'« inexistence ». Seulement le point où l'on se « sent » menacé est particulier à chacun. C'est pourquoi la violence surprend souvent par son caractère inattendu, inorganisé et imprévisible : la crise passée et l'individu revenu du côté du conscient, affolé par l'ampleur des dégâts, ne peut que dire : « Je ne sais pas ce qui m'a pris ! » preuve que c'est bien son inconscient qui a commandé. Revenu à la raison, il se rend compte de l'énormité de son acte et se dénonce comme coupable, à moins qu'il ne se tire une balle dans la tête...

Un bébé qui hurle n'est-il pas entré dans la violence orale extrême et n'a-t-il pas entrepris la lutte pour la Vie avec sa mère ? Elle arrive en courant du bout de l'appartement ou du bas de l'escalier, les mains pleines de farine ou de lessive, hurlant elle aussi, mais avec des mots : « C'est pas fini ? Tu vas arrêter ! Tu me casses les oreilles !... J'arrive... j'arrive... » Ne sont-ils pas tous les deux dans la violence, chacun défendant son propre désir à vivre ? Malgré les souhaits de disparition qu'ils éprouvent l'un envers l'autre à ce moment, rien de grave ne se passera dans les faits. Le bébé est trop petit pour attaquer sa mère et la mère vit un émoi cent fois traversé, dont elle sait qu'il n'est pas définitif et sera vite remplacé par un sentiment plus positif. Cet enfant, en effet, elle l'aime comme elle-même, surtout s'il correspond à son désir ! L'enfant conçu dans l'idée d'avoir un être semblable à soi et avec qui vivre les mêmes événements et émois s'avère être d'abord un *être de différence*, un être qui déclenche un conflit entre deux désirs.

La soumission de la mère au « désir » impératif de son enfant a pu apparaître comme dévouement maternel, dénommé « instinct maternel », instinct dont Élisabeth Badinter a démontré l'inexistence[1]. Il s'agirait plutôt de quelque chose issu de la pulsion de survie de la mère dont une partie d'elle, sous la forme de cet enfant, s'agite et souffre au fond du berceau. Ce qui explique qu'elle soit à même de deviner et de satisfaire le désir du bébé.

Si la mère se précipite au-devant des cris de l'enfant, c'est qu'elle ressent le besoin de l'enfant comme le sien propre, étant tout acquise au fait que s'il est heureux – l'enfant – elle aussi partage ce contentement, et la symbiose de leurs êtres peut alors perdurer. L'amour maternel ou parental (quand le père s'occupe du jeune enfant) est toujours directement lié à l'amour de Soi, et rendre l'autre heureux c'est être heureux soi-même : partage symbiotique que nous avons chacun connu au début de notre existence avec nos parents, mais qui au fur et à mesure de la première année a fait place au sentiment douloureux

1. Élisabeth Badinter, *L'Amour en plus*, Flammarion, 1981.

de *différence essentielle*, rendu supportable par les paroles et la tendresse qui existent des parents à l'enfant.

Que voudrait dire cette phrase si courante dans la bouche des parents : « Il grandit trop vite, hélas », sinon le regret de voir s'éloigner le mélange de deux désirs, de deux existences et le devoir d'accepter à nouveau le face-à-face avec un Autre, qui a aussi ses désirs alors qu'on l'avait imaginé semblable à soi.

C'est là que chez certains parents restés névrotiquement fusionnels font irruption la rage et la violence vis-à-vis de l'enfant qui manifeste un désir « autre » que le leur.

Rien n'est plus égoïste ni secrètement violent que le parent qui veut se réaliser à travers son enfant et retrouver en lui son enfance ou ratée ou perdue. Si cela ne se passe pas comme il le souhaite, comme il l'attend, il se montre prêt à annihiler celui qui ne répond pas à son rêve. « Tu dois être heureux quand je veux, tranquille quand je veux, et souffrir quand je souffre. » Telle est la parole inconsciente du parent maltraitant et déçu qui, prenant son enfant pour un mauvais objet, se met à le frapper pour le faire changer de désir et l'adapter au sien.

L'enfant gardera de cet échange une trace inconsciente déstructurante : il n'a pas convenu au désir de l'Autre, *il n'est pas satisfaisant* ; quand il sera adulte, il exigera à son tour de son enfant qu'il soit *satisfaisant*. Il le battra ou le tuera s'il ne se montre pas tel. C'est cela la chaîne ininterrompue de la violence et de la maltraitance familiale, c'est aussi le chemin de la perversion sexuelle.

Pour celui qui en est victime, la violence est temporaire mais la dépréciation est fondamentale : si on n'a pas convenu à ses parents, il s'ensuit un sentiment de non-valeur, et la dépression ou la colère deviennent le fond psychique permanent de l'individu. Les raisons de ne pas convenir à ses parents sont nombreuses et peuvent tenir au sexe de l'enfant, à sa place dans la fratrie, à la relation du moment entre les parents, à la ressemblance avec quelqu'un de rejeté...

La première fois où le jeune parent sent l'exaspération s'emparer de lui devant les demandes réitérées et abusives de son enfant, il s'étonne de se sentir aussi négatif et prêt à crier après celui dont il a tellement souhaité et attendu la naissance et pour lequel il n'éprouve plus que désirs violents : certains parents, incapables de supporter les cris du bébé, pensent les interrompre par la violence de leurs propres cris. Effectivement le bébé est sidéré et décontenancé d'autant plus qu'il entend une voix et qu'il reçoit des coups inhabituels, venus d'un personnage terrible : l'ogre intérieur de son parent.

Plus tard ces enfants deviendront des êtres coupables d'exister, et soumis essentiellement au désir de l'Autre. Devenus masochistes face au sadisme parental, ces vieux enfants émaillent leur discours de : « si vous voulez », ou : « d'une certaine manière »; morts à leurs propres désirs, ce sont des êtres dépressifs. Ou alors, ils deviendront extrêmement violents parce qu'ils auront intégré et introjecté la violence de l'ogre intérieur parental comme mode de fonctionnement et de communication : devant un conflit interpersonnel, pas besoin de parler, on tape, on tue!

On est bien obligé de conclure que nul ne fait irruption dans la vie d'un autre sans couper à un moment ou à un autre la route de ses désirs, tant chacun de nous n'est assimilable à aucun autre du fait de son identité propre. Ainsi en est-il pour les parents et les enfants qui ont une génération d'écart et des besoins et désirs différents, ainsi en est-il pour les amoureux qui se voulant et se croyant semblables sont d'autant plus déçus et violents qu'ils perçoivent entre eux disparité et dissemblance : personne n'est aussi meurtrier vis-à-vis de l'Autre que celui qui aime passionnément, car la passion naît chez ceux qui cherchent la symbiose et qui, ne supportant pas la différence, sont sous le coup du TOUT ou RIEN, qui caractérise l'amour objectal éprouvé ou manqué lors de la première année de notre vie avec nos parents.

Le meurtre passionnel vient à l'âge adulte s'inscrire comme « je préfère que tu n'existes plus plutôt que d'endurer ta différence ».

La violence orale est une *défense inconsciente globale face à une situation* de menace physique ou psychique. Elle apparaît toujours de façon brutale, incontrôlable et sous l'effet de la peur, du mépris ou du danger physique non contournable par l'intelligence du Moi dépassé. L'ogre intérieur primitif se réveille parfois...

L'enfant est violent tant qu'il n'a pas acquis le contrôle des choses et des mots : il arrache au lieu de prendre, il écrase au lieu de saisir, il donne des coups de pied dans le vide comme pour définir ou agrandir sa place et comme s'il n'en finissait pas de refuser de ne pas tout avoir... Il n'a pas encore de Moi bien à lui car il n'a pas encore accédé au langage.

L'adulte est violent quand il se sent attaqué sans raison, quand on lui *prend sa place* sur le trottoir ou dans la file d'attente, quand on lui ravit l'objet convoité ou la personne aimée. Tout à coup, un réflexe nerveux se substitue à sa réflexion intelligente et il fait un geste de menace ou lâche une insulte... C'est cela la violence orale, elle se réveille en nous par surprise et nous ramène au tout début de la vie, au temps d'avant la transaction du langage. La violence du corps vient bien souvent dans notre vie protéger notre existence avant que nous n'y ayons songé, l'émoi et la parole restant en arrière du Ça primitif.

En analyse, seule la parole permet de libérer l'émoi et de le rendre acceptable ; on assiste journellement à cette découverte d'émois emprisonnés en deçà des mots. La personne sent brusquement ses larmes couler alors que les mots interdits viennent enfin retracer une vieille « histoire », condamnée à l'oubli par des parents interdicteurs que les pleurs d'aujourd'hui font émerger d'un temps préverbal... Drôle de prison que celle où l'on accumule tout ce que les parents ne veulent pas entendre, ne peuvent pas supporter ou interdisent de dire : c'est tout cela qui constitue le refoulement névrotique qui empêche de respirer vraiment, de dire vraiment, de pleurer vraiment ; quand on a une névrose, on passe son temps à corriger son look, à trier ses mots, à régler sa distance avec l'Autre, cette distance que les parents nous ont obligés à respecter, cette ligne de neutralité derrière laquelle ils nous ont maintenus, pour leur confort ou leur rassurement personnel. Ce sont les parents qui obligent souvent l'enfant à refouler sa violence première contre l'agression et la frustration, croyant l'oubli possible. Ils ignorent que l'oubli ne se fait pas, que la violence va s'accumuler dangereusement et constituer le refoulement, d'autant plus néfaste qu'il est précoce, et donnera lieu, plus tard, à des actes incongrus, inadaptés, violents... résurgences d'un temps qui n'a pas été oublié, et dont le contrôle psychomoteur ne faisait pas partie.

Nous savons à quel point les défenseurs des criminels invoquent, devant le tribunal, le fait que l'individu était affolé, paniqué, comme lorsque sa mère l'oubliait longuement au fond de son berceau quand il était petit ou comme lorsque son père hurlait, sous le coup de la boisson, allant jusqu'à l'attraper et le battre pour ne plus l'entendre. Nous savons que l'enfance a le dos large auprès d'un jury d'assises, qui comprend bien qu'un jour cet homme (cette femme), s'est trouvé abandonné, muselé, martyrisé, sans possible défense et qu'aujourd'hui, mis devant la même situation affolante parce que répétant son passé, il (elle) s'est défendu avec sa rage d'enfant doublée de ses moyens d'adulte, allant jusqu'à donner la mort.

Nous savons comment le sentiment de « vide oral », d'isolement intérieur peut mener quelqu'un jusqu'à se donner la mort brutalement ou progressivement. Nous étudierons d'ailleurs, au fil de ce livre, toutes les parades inventées par le dépressif oral – alcoolisme, boulimie, toxicomanie et suicide. Toutes viennent obturer un trou, un vide insupportable et qui ne passe pas par les mots car il date d'un temps préverbal : celui du Ça.

Analité ou le pouvoir imaginaire

Chacun de nous sait et sent, à l'occasion d'un mal qui lui est fait, qu'il « pourrait », lui aussi, tuer. Il pense : « Si je pouvais, je le tuerais. » En vérité, nous ne le pouvons pas ou, plus justement, nous ne le faisons pas, parce que, depuis le Toi ou Moi de l'oralité violente et sans mots, nous avons traversé le stade anal de la deuxième année de notre vie. Là, nous avons appris l'art de la conciliation avec nos parents. Certes, nous voulions toujours aussi violemment ce que nous voulions, mais, dans la plupart des cas, nous avons eu la chance de rencontrer devant nous l'opposition justifiée de nos géniteurs. Opposition nécessaire, fondamentale, indispensable, qui fait comprendre à l'enfant que *la toute-puissance de son désir n'existe pas*, qu'en face de lui existe un autre désir, un autre être qui ne veut pas la même chose, et qui l'exprime avec des mots et des gestes destinés à faire comprendre à l'enfant qu'il n'est pas permis d'imposer à l'Autre sa volonté. C'est là que nous avons appris à dire : « si je pouvais... je le tuerais, mais c'est mon parent que j'aime et il m'aime. » Délicieuse ambivalence qui accompagnera les hauts et les bas de tout amour adulte. *Il n'existe aucun amour qui ne soit empreint d'ambivalence*, qui ne soit empreint de la couleur rose de l'oralité symbiotique tout en étant menacé par les nuages noirs de l'analité séparatrice.

Si le stade oral a été le temps de la symbiose et du totalitarisme affectif, celui où l'enfant aime ou déteste selon qu'on se conforme ou non à son désir, l'âge de la violence pour VIVRE. Le stade anal introduit le temps de la différence, de l'ambivalence et du POUVOIR. La violence du parent engendrera la violence de l'enfant; au contraire, la conciliation du parent fait naître chez l'enfant l'idée de la négociation. Les plus dangereux des êtres humains étant, sans nul doute, ceux qui, faute d'éducation aimante, ont accumulé abandon et violence au premier âge, puis cruauté et désir de vengeance au deuxième.

La violence orale est totale, elle est celle qui défend l'Être et la Vie, elle ne s'adresse *à personne* ou à tout le monde, elle vient de notre Ça inconscient (nous la retrouverons, active, dans les troubles actuels des banlieues sous forme de « rage »). La violence anale (au cours de la deuxième année de l'enfant) s'adresse au contraire *à quelqu'un* en vue d'obtenir quelque chose : c'est la violence de l'Avoir et du Pouvoir (celle du banquier, du politicien, du militaire, du PDG).

Se faire reconnaître comme un être à part entière, ayant des désirs et des demandes bien à lui, c'est ce que veut l'enfant en train de quitter la symbiose existentielle avec l'Autre; il veut une place. Il est sur le chemin de l'*identité* : son Moi se fortifie et apprend à connaître et à dire ses désirs. Voyez l'enfant qui marche à peine venir en titubant vers vous et vous prendre la main pour vous mener exactement à l'objet de sa convoitise... Ce n'est plus « je veux vivre » qui s'exprime là, mais « veux-tu m'aider à vivre, à réaliser mon désir, et jusqu'où ? » C'est l'épreuve éducative la plus délicate entre parent et enfant, car ni l'un ni l'autre ne doit devenir esclave : le parent doit se faire respecter sans tomber dans le sadisme et l'enfant doit obéir sans tomber dans la totale soumission.

Pour avoir manqué ce virage de l'opposition fondamentale entre le Moi de l'enfant et celui des parents, Fritz Zorn (le célèbre auteur de *Mars*) en mourut. « La question hamletienne qui menaçait ma famille : être en harmonie ou ne pas être... Tout devait être sans problème : ou si ce ne l'était pas, il fallait le rendre tel. Il ne devait y avoir sur tout qu'une opinion car une divergence entre nous eût été la fin de tout [...]. Au cas où j'en mourrai, on pourra dire de moi que j'ai été éduqué à mort[1]. » C'est ainsi que débute tout chantage et nous savons à quel point le chantage à la violence est important dans les affaires de mœurs, de cambriolages, de couples...

C'est une violence qui cherche le *pouvoir* que nous voyons naître chez l'enfant qui commence à être autonome et à marcher, il cherche à attraper tout et rien : une petite miette de gâteau par terre ou le sac à main de tante Léonie... Il veut tout avoir, tout prendre. C'est là aussi que naît l'envie de ce qu'a l'autre, et l'idée de le lui prendre par la ruse ou par la force. L'analité est un conflit permanent avec l'Autre pour lui prendre et refuser de lui donner, pour gagner sur lui et surtout ne pas perdre.

C'est un âge où nous sommes surpris de la cruauté spontanée de l'enfant qui étouffe le chat, martyrise le papillon, arrache les ailes aux mouches. L'enfant n'a pas encore une conscience suffisante de l'existence de l'Autre, il veut seulement se rendre maître de l'animal et en faire son esclave : aucun raisonnement de pitié

1. Fritz Zorn, *Mars*, Gallimard, 1982, p. 32, 52.

ne le touche parce qu'il n'a pas encore accédé à l'identification et à la compréhension de l'Autre.

Il commence seulement à exister pour lui-même et mesure sa puissance par rapport à un Autre, sauvagement, durement, n'ayant aucune idée de ce que l'Autre ressent... Dans les cours d'écoles primaires, les petits sont souvent plus cruels que les grands parce qu'*ils n'ont pas le sens du mal* fait sur le corps de l'Autre. Les enfants, si on ne les arrêtait pas, pourraient aller jusqu'à se tuer, leur ogre intérieur ne visant qu'à l'annihilation de l'Autre.

Le danger des coups, la dangerosité des objets, la séduction par des adultes inconnus et la mort qui peut s'ensuivre doivent figurer au programme de l'enseignement des enfants dès la maternelle. Il faut qu'ils puissent mettre des mots sur la violence qu'ils voient à la télé, dans la rue, à l'école ou entre papa et maman qui vont divorcer. Il faut leur apprendre à ne pas accepter l'inacceptable. L'inconscience de l'enfant devant la mort est une chose à se rappeler lors d'accidents mortels entre enfants de 11 et 12 ans, tels qu'il en advient aujourd'hui. Elle est aussi, hélas, à évoquer dans les meurtres d'enfants commis par les adultes pervers, à la suite de vols ou de viols : le tueur qui a agi inconsciemment (comme un enfant sans Moi ni Surmoi) va le plus souvent étouffer sa victime pour la faire taire et remettre la pendule à zéro de son côté, sans vraiment prendre en compte ni la mort de l'enfant, ni la douleur irréparable des parents.

Le violeur d'enfants à répétition est quelqu'un qui retombe régulièrement au stade anal (qu'il devrait avoir dépassé si les traumatismes infantiles ne l'en avaient empêché) et c'est sous le coup du fantasme de domination de « l'autre enfant » qu'il attaque, par exemple, une petite fille innocente, croyant régler, cette fois définitivement, le problème de sa toute-puissance. Hélas, après cet acte extrême il se retrouve plus démuni qu'avant, conscient de n'être pas un homme comme un autre, ce qui l'entraîne à renouveler son crime. C'est un personnage souvent immature, donc « pervers polymorphe » comme l'enfant (*dixit* Freud), et dangereux comme un enfant qui n'a pas encore fait d'identification à l'Autre.

Cette identité sans identification et donc sans prise en compte de l'Autre rend difficilement acceptable au cours de la deuxième année d'un enfant la naissance d'un puîné, parce qu'il lui prend sa place, ses parents, son gâteau et surtout son parent œdipien. Et dire que papa et maman présentent l'horrible suborneur comme un « adorable » petit ange qu'il faut embrasser là, sur le front, alors qu'on n'a qu'une seule idée : s'en rendre maître, en faire sa chose, le serrer jusqu'à l'étouffer quand il crie, ou l'enterrer sous ses couvertures pour ne plus l'entendre ni le voir !

Les souhaits de mort, non acceptés par les parents, vont se transformer en griffures contre l'intrus, pinçons ou autres misères de ce genre, à moins que l'enfant ne transforme sa violente jalousie en un amour extrême, qui n'a d'extrême que la joie d'entendre les parents dire : « Ce qu'il est gentil avec son petit frère. Ah ça, il l'aime ! » C'est fou ce que la violence anale peut se transformer, se déguiser pour se faire accepter par des parents qui n'en veulent pas !

Mais quand on a commencé à vivre « déguisé », on a

du mal à se reconnaître dans une glace. C'est ce qui fait que tant de jaloux atterrissent sur un divan de psychanalyste à l'âge adulte. Ils ne se reconnaissent pas dans un comportement toujours fort civil et préoccupé du bien-être des autres, alors qu'un sentiment profond de rage et d'injustice permanente les habite. Tout le chemin analytique consistera à refaire l'historique d'une enfance dont la violence et la haine ont été exclues au bénéfice d'une attitude faussement adulte, qui consiste à dominer l'autre par la bonté au lieu de le dominer par la violence.

L'enfant qui prend, pour conserver une place, le rôle de protecteur, de bienfaiteur de celui qu'en fait il déteste tourne le dos à ses propres sentiments pour se conformer à ceux de ses parents ; adulte, il gardera l'habitude de parenter les autres, laissant dans l'ombre l'horrible besoin qu'il a enterré trop tôt d'être « parenté » lui-même. Voilà une des conjonctures où la violence a dû être refoulée au profit de sentiments plus honorables pour l'enfant, mais elle continue à œuvrer souterrainement, lui faisant vivre tout échange affectif comme une relation de parentage à sens unique, lui-même continuant à ne pas avoir de parents « intérieurs » et à connaître l'insatisfaction au sein de toutes ses relations intimes, parce qu'il a offert ce qu'il aurait dû demander.

L'éducation parentale consiste d'une part à l'âge oral, à entendre et deviner la demande informelle de vie du bébé et à lui apprendre qu'il fait partie d'un ensemble familial où on l'aime, et où on l'aide à dominer son *impuissance* fondamentale. D'autre part, au cours de la deuxième année, à limiter la toute-puissance du désir de l'enfant face à celui de l'Autre pour établir une relation d'échange et de communication ouvrant sur un *pouvoir* partagé (attribué selon l'âge, la place dans la famille et la loi morale des parents servant ici de Surmoi).

Tout ce qui va s'inscrire contre la symbiose orale et la domination anale de l'enfant va déclencher rage et caprice de sa part. C'est au parent qu'il appartient de connaître la violence des réactions affectives de l'enfant sans pour autant la dramatiser, ni la refuser, ni l'interdire... L'enfant a besoin de se désespérer, de ne pas pouvoir tout obtenir de ses parents, il a besoin du choc violent avec leur volonté, pour renoncer à les soumettre à ses désirs, comme sa nature première d'être humain l'y pousserait spontanément.

Chaque âge révèle une forme de violence spécifique : le premier âge est celui de la violence assimilatrice qui veut tout absorber et tout avoir en soi, y compris le parent. Quand il tète le sein, il boit du regard en même temps le visage de sa mère, cherchant à s'approprier ses yeux, ses cheveux pour les prendre et les garder dans sa main, il tire sur son nez, qu'il croit pouvoir détacher de son visage.

Le deuxième âge, celui de l'analité, est celui de la violence en vue de *dominer*, de faire céder l'autre, s'il ne veut pas obéir. Nous ne devons qu'à notre taille d'adulte que le petit enfant nous épargne : voir ses terribles caprices dévastateurs où tout ce qui nous est cher y passe. Devant un refus, une opposition, le jeune enfant n'a pas le temps de réfléchir, son Ça a déjà tout envoyé au loin !

C'est l'assomption du Moi de l'enfant qui le fait se

nommer et parler de lui à la troisième personne, comme d'un être désirant, au même titre que ses parents, c'est là que la moindre coercition parentale se heurte au souverain « non » de l'enfant qui manifeste par là qu'il existe comme « différent » de ses parents; la première affirmation d'identité chez l'être humain est donc l'opposition à l'Autre et se fait dans la violence du « non » ou du refus d'obtempérer à la demande.

Si le conflit oral a été bruyant parce que l'enfant n'avait que les cris à sa disposition, le conflit anal risque d'être violent si les parents ou le refusent ou ne le comprennent pas, ou veulent en sortir gagnants. À l'âge anal, il n'y a qu'une position valable sur le plan éducatif, c'est la négociation qui ouvre sur l'ambivalence des sentiments, faisant comprendre à l'enfant qu'il est entendu, mais pas forcément satisfait, et qu'il doit, au nom d'un amour à conserver, céder sur une part de son désir en même temps que le parent fait de même. Le couple enfant-parent est celui qui fonde à la fois le désir de vivre plus tard en couple et l'art d'y établir sans heurts la place de chacun des partenaires. Et les rages auxquelles on laissera l'enfant se livrer seront la préfiguration des scènes de ménage auxquelles se livrera l'individu face au désir de l'Autre et à la place qu'il veut occuper dans le couple.

On est presque toujours ambivalent avec ceux qu'on aime ou ceux qui font partie de notre proche entourage parce que, petit, on l'a été foncièrement avec nos premiers interlocuteurs, nos parents. Il est illusoire pour des parents de croire à la soumission naturelle de l'enfant et à l'absence d'opposition de sa part, car toute enfance sans histoire donne suite à un adulte ou dépressif ou psychosomatiquement malade, le conflit s'étant retourné sur la personne au lieu de prendre la voie normale de l'expression lors des premières années. Que d'ulcéreux ressentent, durant toute leur vie, dans leurs viscères, les brûlures d'un jeune cœur en rage ! Que de cancéreux doivent affronter le « non » de leur corps pour ne pas avoir pu l'exprimer avec leur bouche quand ils étaient petits.

« Je doute d'avoir appris de mes parents le mot "non"... En effet on ne l'employait pas chez nous puisqu'il était superflu. Le fait qu'on disait "oui" à tout n'était pas ressenti comme une contrainte : c'était l'expression de l'harmonie totale. Au fond le seul fait de dire "oui" était une nécessité (même si elle n'était pas ressentie consciemment)[1]. »

Ce que les jeunes parents d'aujourd'hui ignorent le plus, c'est que l'éducation d'un être humain ne se fait pas sans *la traversée du conflit* qui révèle l'existence de deux volontés différentes et individuelles, coupant la route de la symbiose primitive dont la prolongation ne pourrait qu'ouvrir sur la psychose. Les parents d'aujourd'hui, trop attachés au bonheur de l'enfant désiré, refusent d'entrer en conflit avec lui et préfèrent éviter le drame en cédant à ses désirs. Ce qui ouvre le champ de la toute-puissance de l'enfant, de l'adolescent puis de l'adulte. Le conflit, au contraire, lui donne accès à la différence existant entre lui et ses parents, inaugurant ainsi la découverte de ses propres désirs et des leurs et ouvrant la voie au « je » identitaire

1. *Mars*, *op. cit.*, p. 33.

et aux jeux de rôle où l'enfant s'imagine à une autre place : « on serait... », prouvant qu'il sait qui il est et où il vit en réalité.

Un enfant, dès qu'il cesse d'être un nourrisson vivant de tétées et de sommeil, pose le problème de ses propres désirs et déclenche de par son existence même le conflit entre sa demande et la disponibilité de ses parents qui n'est jamais totale et ne doit pas l'être. Il faut que cet être humain apprenne la loi commune : l'Autre est à notre écoute mais pas forcément à notre disposition et notre liberté s'arrête là où commence celle de l'Autre.

Identité et identification

L'identité propre à l'enfant naît de cette confrontation entre deux désirs émanant de deux protagonistes différents de par l'âge et la fonction, car de cette différence entre parents et enfant naissent la communication, la discussion et enfin l'aménagement entre les partenaires.

Si l'adolescent ou l'adulte d'aujourd'hui recourt si facilement à la violence primitive du Ça, n'est-ce pas à cause d'un problème de communication ou d'aménagement des pouvoirs avec les parents, à situer dans les premières années de l'enfant, au cours desquelles les parents n'ont pas osé lui imposer quoi que ce soit, craignant de déclencher sa haine ou son ambivalence? *Ce que les parents d'autrefois ne craignaient pas, les parents d'aujourd'hui le redoutent absolument.*

La place de l'enfant, c'est-à-dire le respect dû à ses

désirs, est en ce moment, et dans bien des familles, ou trop grande puisque les parents renoncent à leur propre place pour favoriser celle de leur enfant, ou trop petite car les parents, ayant tout fait pour cet enfant, il devra « tout faire » sauf son désir pour assurer au moins à ses parents une place de « bons » parents dont ils ont absolument besoin.

Tous repères d'autorité ayant disparu, il ne se trouve que le chantage réciproque et l'escalade des récompenses pour rétablir un fonctionnement (inversé) de cette famille-là où l'enfant pose ses conditions d'enfant honorable et narcissisant à des parents, qui ont mis le doigt dans le dur engrenage d'une vérité qui n'a jamais existé : les enfants disposeraient d'un pouvoir égal à celui de leurs géniteurs... Cet axiome d'une famille sans conflits débouche sur un amalgame cruel d'angoisses et parentales et infantiles, toutes évoquant la question de la place de chacun et de la culpabilité de ne pas en faire assez pour l'autre.

Une famille peut devenir cet imbroglio quand on se met à ne plus respecter l'ordre naturel de l'âge et de l'expérience acquise par des parents plus âgés que leurs enfants.

D'une part, nombre de parents de familles immigrées analphabètes considèrent leurs enfants comme supérieurs à eux; il n'y a donc plus de parents et plus d'enfants. Chacun tâche de faire passer ses désirs par la force et la contraignance plutôt que par la conciliation; c'est à qui criera le plus fort.

D'autre part, beaucoup de pères au chômage ne savent plus exactement quelle est leur place et à quoi ils servent... même dans leur famille où ils n'assurent plus le rôle de « pourvoyeurs ».

L'enfant qui a perdu son parent d'une façon ou d'une autre (parent seul, immigré, au chômage) se met en place de parent lui-même et n'hésite pas à être celui qui crie, cogne, tape, pensant par là prendre la place de celui qui a perdu toute compétence paternelle et toute capacité à faire respecter la loi : mais la loi qu'intronise l'enfant n'est pas la loi sociale mais la loi individuelle de son désir !

Que devient alors le père ? Ne pouvant avancer dans la réalité et satisfaire les désirs et ambitions de son Moi, il va régresser vers les besoins de son Ça. Il se met à boire pour cesser enfin d'être vide : vide de reconnaissance, vide d'utilité sociale, vide de pouvoir familial qu'il abandonne à son enfant. Et le fils crie encore plus fort et c'est le père qui a peur du fils... C'est la famille inversée : tout le monde a peur car personne n'est plus à sa place dans le groupe, la loi devient déviation puisque le pouvoir n'appartient plus aux adultes, mais aux enfants eux-mêmes en panne d'identité.

Et la mère ? C'est à l'adolescence (nous en reparlerons) qu'est remis en question l'œdipe qui lie l'enfant au parent de sexe opposé.

Or comment s'identifier ou vouloir ressembler à un père ou une mère absents ? Qui voudrait devenir un homme dévalorisé, rageur, chômeur, fumeur et brutal ? L'enfant pourra-t-il éviter de se référer à cette absence, à cette brutalité comme faisant partie de l'homme adulte, même s'il en souffre actuellement ?

Les garçons violents sont souvent ceux qui ont eu devant les yeux, entre 0 et 5 ans, des pères violents. Entre les drames du divorce et ceux du chômage, un tiers de nos enfants grandissent dans la violence familiale. Pour échapper à cette violence ou à cette absence, l'enfant de 3 ou 4 ans se sauve ou est relégué devant la télé, où il voit quoi? La violence policière, la mort, les coups, les disputes entre hommes et femmes, les femmes qui pleurent, les hommes qui hurlent – tout ce que nous empruntons à la violente Amérique dont les enfants précèdent les nôtres dans le maniement des armes et des coups.

Les enfants, bien avant l'adolescence, à la place des contes fantastiques de nos grands-mères avec ogres, monstres, petits chaperons rouges, qui nous parlaient de la violence orale imaginaire, sont plongés dans un univers réel de violence, de racket, de vol et d'images meurtrières, qui est celui de leur ville, de leur rue, peut-être de leur collège...

La période de latence, autrefois si calme, où l'enfant s'occupait à la socialisation scolaire et à l'appartenance privée à une famille, est maintenant remplacée par la rencontre de l'agressivité entre élèves, et la découverte des jeux de la rue, en l'absence des parents, à la sortie de l'école. Après cette longue période de proximité, non plus avec le modèle parental, mais avec celui des enfants des rues, l'adolescent, dès la première difficulté sur sa route, trouve normal de descendre dans la rue pour casser, brûler, faire sauter toute cette société qui a étouffé son père, sa famille et qui bientôt l'étouffera... Ce faisant, il ne suit pas le chemin habituel de l'adolescent critiquant ses parents, il descend dans la rue pour crier sa révolte et pour défendre leurs droits. Père et fils ne font plus qu'un alors, le fils ayant ajouté à sa propre violence la hargne et le désespoir de ses propres parents : l'adolescent n'est plus seul contre ses parents, il est *avec eux* et *contre tout*.

Voilà le changement de société que nous sommes en train de traverser... Le père se souvient d'avoir été « fils de » dans un temps où les pères avaient un rôle social et familial, à une époque où les pères souhaitaient à leur fils de prendre leur suite. Aujourd'hui, combien de pères souhaitent à leur enfant de prendre la suite de leur état : chômage, mise à l'écart de la famille en cas de divorce et paupérisation ?

Les fils doivent s'inventer seuls un avenir autre... sans voir exactement quel il sera. N'osant reprocher leur déroute à des parents déjà désespérés, ils portent leurs revendications ailleurs..., n'importe où, dans la rue, dans les magasins, dans les stades, dans les lycées, partout où ça paraît vivre, car le problème de l'adolescent n'est pas de « contester papa », mais de contester les « institutions responsables » des maux de toute la famille.

Il leur faut prouver qu'ils existent « différents », bruyants, criant, taguant, attaquant, pour que de l'extérieur vienne enfin une réponse identitaire : « Ce que les jeunes sont violents et dangereux ! » Les adolescents existent enfin, mais si mal, n'attendant plus rien des adultes, ni de leur savoir, ni de leur écoles, estimant que rien n'est adapté à leur besoin qui n'est que besoin de s'opposer à l'Autre..., mais l'Autre fuit devant eux... les parents se taisent... les professeurs se mettent en grève... les policiers hésitent à les approcher... et les adolescents ont peur, peur de ce monde dévasté et sans avenir dans lequel ils s'avancent.

Il n'y a plus ni père ni fils, il y a deux générations d'hommes en colère, ce que Tahar Ben Jelloun en tant que Maghrébin exprime si bien : « Aziz, au fond, est un bon gars. Ailleurs, il aurait fait des choses formidables. Son handicap à lui, c'est d'être né à Resteville, dans une famille d'immigrés, à une époque où il n'y avait personne pour s'occuper de cette génération qu'on a laissée pousser comme le chiendent dans un terrain vague. Tout ce que médias et spécialistes ont trouvé à faire, ç'a été de donner un numéro à cette génération : la deuxième[1]. »

Nos enfants souffrent d'un étrange problème : d'une part ils n'arrivent pas à exprimer leur agressivité face à des parents affaiblis par le système et, d'autre part, ils n'arrivent pas à s'identifier à ces parents-là et n'atteignent même pas le stade de l'ambivalence ; car les parents d'aujourd'hui n'encaissent même plus la haine de leur petit bonhomme de 2 ans...

Petits, nous les avons éduqués en leur assurant tout le luxe d'un paradis moderne ; grands, ils découvriront à nos côtés que le paradis n'existe pas. Leur vie sera-t-elle donc un enfer ? Sauront-ils en sortir sans aide ?

1. *Les Raisins de la galère*, Fayard, 1996.

Chapitre III

IMPOSSIBLE ADOLESCENCE

La violence fondamentale de l'individu se déclenche, nous venons de le voir, dès qu'il est question d'Être, dès qu'il est question d'Avoir. Comment l'adolescence, moment charnière entre l'Être et le statut d'adulte à conquérir, ne serait-elle pas le carrefour de toutes les violences ?

Cette période, caractérisée et provoquée par la puberté, donne au corps de l'enfant un nouveau statut : celui d'adulte, qui l'oblige à redéfinir sa place au sein de sa famille, alors qu'apparemment rien n'a changé pour personne... Il va falloir faire preuve d'un nouveau comportement et ce n'est pas du jour au lendemain que les parents vont accepter une autre place à celui qui est depuis si longtemps leur enfant et dont ils ont depuis toujours une certaine image intérieure qui a servi de support à sa première formation identitaire.

Jusqu'à une période récente, l'adolescence était quasi inexistante dans la société occidentale. La constatation de la puberté physique suffisait à entraîner la capacité civile chez les Romains, et le pouvoir de porter les armes chez les Francs ou les Germains.

En France, on pouvait être roi dès l'âge de 14 ans et tout enfant de cet âge pouvait servir dans l'armée royale ; on était chef de famille dès l'âge de 16 ans... Comme le dit Philippe Ariès, l'enfant passait directement des « jupes des femmes » au « monde des adultes ». Jusqu'au milieu du XXe siècle, il n'était pas rare qu'un garçon de 14 ans quitte sa famille pour aller en apprentissage, et qu'une fille du même âge soit « promise à son futur époux ».

Mais aujourd'hui, l'adolescence apparaît comme un phénomène de plus en plus important et de plus en plus long. « La société occidentale tend à prolonger l'adolescence, traitant ses jeunes comme des enfants et déplorant en même temps qu'ils ne soient pas capables de se conduire en adultes[1]. » De plus, si autrefois le « jeune » trouvait au sein de sa famille le lieu de la contestation des valeurs adultes et pouvait ainsi évoluer, s'autonomiser et définir ses propres normes par rapport à celles de ses parents, il est devenu difficile dans la famille d'aujourd'hui, de mettre en cause un système vilipendé par ces derniers, déroutés et contestataires d'une évolution familiale et sociale qui leur échappe.

Le jeune va donc rester un « mutant » pendant de longues années, avant de pouvoir occuper une place d'adulte dans le monde du travail (si toutefois il fait partie des heureux qui trouvent rapidement un premier emploi). Les adolescents forment une véritable classe d'âge de jeunes – les 13-25 ans – qui vivent

1. Pierre G. Goslin, *Les Adolescents devant les déviances*, PUF, 1996, p. 31.

chez leurs parents en s'opposant à eux s'ils le peuvent ! Et surtout en refusant de s'identifier à eux. La situation familiale devient d'autant plus tendue et explosive que les parents d'aujourd'hui, peu sûrs de l'avenir de leurs enfants, ne sont pas prêts à supporter des récriminations sur le chômage qu'ils endurent eux-mêmes et qui touche si fort à leur image de parents tout-puissants.

La *contestation* adolescente est nécessaire à l'être humain pour se détacher de la fixation parentale infantile et accéder à la liberté intérieure de l'âge adulte, mais cette contestation est-elle possible dans la famille d'aujourd'hui, avec des parents qui n'ont pas supporté autrefois l'opposition du jeune enfant, et ont cédé à tous les caprices du stade anal ? La *transgression* s'avère nécessaire à l'adolescence car elle permet au jeune de progresser et de rompre avec les images parentales qui ont accompagné l'enfance, mais la transgression est-elle possible ? Les parents sont-ils de taille à la supporter ?

Négociant leur identité et leur autonomie, les adolescents remettent en question les rapports préétablis au sein de la famille et de ce fait introduisent un climat de méfiance difficile à supporter pour des parents qui, vu les difficultés de leur vie de famille, en sont à remettre en cause leurs propres choix...

Évolution récente de la famille

Il y a encore quarante ans on concevait des enfants parce qu'on voulait fonder une famille, ce qui, pour la plupart des gens, semblait aller de soi. Le divorce n'était pas banalisé comme aujourd'hui, la contraception fantaisiste plutôt que scientifique, l'éviction des pères (aussi bien à la conception qu'au moment du divorce) n'était pas envisagée, même si les femmes commençaient à revendiquer une certaine égalité de chances avec les hommes.

Entre 1965 et 1980, la machine s'emballe et nous avons traversé en même temps l'industrialisation à outrance, l'inflation, le déchaînement de la consommation accompagné d'une lente mais sûre déchristianisation ; puisque le bonheur était à portée de main qu'avions-nous à espérer de la venue de jours meilleurs après la mort ? Puisque la vie était là avec toutes ses richesses pourquoi ne pas en user ? Le mouvement idéologique de 1968 se posa comme la négation de tout autoritarisme et lança le slogan encore d'actualité aujourd'hui : « Il est interdit d'interdire. »

Ces quelques années d'euphorie écoulées entre parents et enfants, au cours desquelles les premiers avaient mis de côté tout système autoritaire, on assista à l'extrême permissivité qui a cours aujourd'hui dans les familles et inquiète tellement les adolescents : ils ne trouvent plus d'obstacles à la mesure de leur désir...

La famille a progressivement changé de sens : de construction parentale, elle est devenue avec la libéralisation des mœurs, de l'amour et de la contraception, le lieu même de la réalisation de tous les désirs. Les adultes se sont mis à investir leurs enfants d'une magnifique et trop lourde charge : *être heureux pour que les parents soient comblés* ; c'était le début d'une famille consommatrice non seulement de biens matériels mais d'émois affectifs. Les parents gâtèrent les enfants, les couvrirent de cadeaux afin de les voir « rire », ce qui n'est pas le but premier de l'éducation... mais le devint. Le bonheur des vacances, la souplesse des méthodes éducatives douces (école Freinet, par exemple) devinrent des objectifs majeurs ; les parents devenant « cools », leur sévérité disparut dans les oubliettes comme un signe d'éducation obsolète... Les parents se réjouissaient de voir leurs enfants si gâtés, si libres, car eux n'avaient pas connu tout ce déploiement de luxe et de facilité. La seule vue de l'émerveillement de l'enfant remplaçait pour eux le bonheur qu'ils n'avaient pas connu entre 1940 et 1960. On se mit à consommer du bonheur d'enfants, à concevoir des enfants pour les voir heureux et pour cela on leur a tout donné. On leur a même donné ce qu'ils n'avaient pas eu le temps de demander car on ne savait pas que *prévenir le désir, c'est le tuer*.

Oui, en voulant prévenir la demande, nous avons tué le désir de nos enfants qui ne veulent plus rien, ne jouent plus à rien et ne font qu'imaginer un monde irréel dont ils croient être les maîtres au travers de l'écran et du clavier d'un ordinateur ou d'une télévision.

Même les psychanalystes se prirent au jeu et Françoise Dolto instaura une psychanalyse qui semblait avoir pour but l'aménagement pour tout enfant de la frustration inévitable de la vie, par l'explication parentale qui lui en était donnée. N'allait-on pas pouvoir éviter tout ressentiment entre parents et enfants ? Alors le Nirvana ne serait-il pas enfin possible dans notre maison avec nos propres enfants ? Le père était en train de devenir avec Lacan un signifiant vide, pendant qu'avec Françoise Dolto l'enfant était promu à la première place dans la vie de la mère !

Résultat, en 1968 les adolescents se mirent à écrire sur les murs de nos villes l'horreur qu'ils avaient de la violence et de la souffrance : « Faites l'amour, pas la guerre. » Pas de violence, mais un consumérisme effréné. À partir de 1974, date de la loi Veil sur l'avortement après celle sur la liberté de contraception (1967), l'enfant devient une question de désir, une question de liberté personnelle de la femme. Elle n'a plus besoin d'en référer à l'homme pour concevoir un enfant, elle peut même le faire à son insu et constituer une famille sans homme, voire avec un homme qui n'est pas le véritable père. À partir de ce moment la famille change vraiment de structure, elle devient matriarcale.

Au cours de ces années-là, non seulement, la famille devient matriarcale mais monoparentale : dans 85 % des cas, aujourd'hui, le seul parent de la famille est une femme.

« Cela veut dire que l'enfant n'a qu'un seul lien d'attachement possible et qu'un seul modèle identificatoire à disposition : la mère. Cela est renforcé par le fait que cette mère remplissant tous les rôles se prend s'imagine être le *tout* de cet enfant[1]... » Que vont faire ces deux partenaires d'une relation aussi prégnante, aussi unique ? Ne vont-il pas vivre dans la crainte de se perdre l'un l'autre ? L'enfant, mis dans ces conditions

1. C. Olivier, *Les Fils d'Oreste*, Champs/Flammarion, 1994, p. 173.

(sans père) ne peut prendre le risque de déplaire au seul parent qui lui reste et vis-à-vis duquel il évitera opposition et contestation qui sont pourtant le propre de l'adolescent.

Dans une famille monoparentale, le désir de la mère est que son enfant la « préfère » au père rejeté. Il s'agit donc pour l'enfant, au cours de son identification, de ne jamais rechoisir celui qui a été « jugé indigne » de l'élever... Un de mes patients dira :

« Elle me voulait tout pour elle, elle m'a privé de mon père, m'empêchant de le voir, d'en parler, de lui téléphoner. Elle était toujours en travers occupée à le "barrer", à le faire disparaître et à le réduire à l'oubli... Mon père aujourd'hui n'est plus qu'un étranger, c'est comme si je n'en avais pas eu, et moi j'en veux à cette mère et j'ai un vague sentiment de culpabilité vis-à-vis de celui qui m'a donné le jour et dont je n'ai même pas partagé la vie. »

Dans une famille où règne la mère, tout le monde est très gentil, très compréhensif, très tendre... jusqu'à l'adolescence seulement ! Car habitué chez lui à ce qu'on plie devant ses désirs, l'adolescent et même l'enfant de 7 ou 8 ans admet mal l'autorité extérieure des maîtres et se montre un élève opposant et difficile. L'absence du père, qu'elle soit physique ou psychique, constitue pour l'enfant une modification importante de son rapport à l'autorité. Michard[1] estime qu'il y a abandon par le père de son statut de *chef de famille* dans environ sept cas sur dix, et dissociation familiale

1. H. Michard, *La Délinquance des jeunes en France*, La Documentation française, 1978.

au moins une fois sur deux. S'il n'y a pas d'autorité il ne pourra y avoir d'opposition même à l'adolescence !

Nous savons tous que les bandes de jeunes qui opèrent dans les banlieues sont constituées en grande majorité de garçons issus de familles perturbées avant d'être éclatées et enfin réduites à la monoparentalité.

Dès 1950, Glueck et Glueck insistaient sur le rôle significatif de la dissociation du couple parental : plus de 60 % des jeunes délinquants avaient alors des parents divorcés. L'âge de l'enfant au moment de la séparation des parents n'était pas indifférent : plus de la moitié d'entre elles s'étaient produites pendant les toutes premières années de ces enfants mineurs et délinquants[1].

Les ruptures affectives de la première enfance sont susceptibles d'entraîner retard intellectuel et blocage affectif (Spitz, 1968 ; Winnicott, 1970), qui sont les principaux handicaps de la scolarité des enfants de milieux défavorisés. Ces dissociations peuvent aussi faire dériver l'enfant vers un univers sans lois et le transformer, dès l'âge de 4 ans, en un être asocial, agressif, renfermé, qui glissera tout naturellement vers la délinquance dès le début de l'adolescence.

Il arrive que l'un des deux parents, pour faire face à la période de rupture difficile pour le couple, ait recours à la boisson : « L'alcoolisme est constaté chez 40 % des pères et 10 % des mères d'enfants mineurs délinquants[2]. »

---

1. E. Glueck et S. Glueck, *Unraveling Juvenil Delinquency*, Harvard University Press, Cambridge, 1950.

2. *La Délinquance des jeunes en France, op. cit.*

D'après toutes les enquêtes effectuées par l'Insee ou le ministère de la Justice, tant en France qu'à l'étranger, les chiffres sont éloquents : en France, 50 % des toxicomanes (chiffres de l'Inserm) appartiennent à des familles éclatées et le chiffre est de 44 % en Italie. Au Canada, 61 % des délinquants sont issus de familles désunies alors que 19 % des enfants présentant ces troubles viennent de familles unies. De façon universelle les garçons seraient plus touchés que les filles : 90 % des délinquants mineurs sont des garçons[1] et il se trouve que le nombre de mineurs délinquants a singulièrement augmenté en quarante ans, passant de moins de 14 000 en 1955 à plus de 100 000 en 1992 (la criminalité a septuplé en France entre 1950 et 1992), accroissement qui pose un problème social et psychologique dont les facteurs doivent être étudiés et dénombrés.

Que sont donc devenus les enfants de la génération post-soixante-huitarde, aujourd'hui âgés de 20 ou 25 ans ? Trop « aimés » à la suite d'avoir été trop « désirés », ils ont souffert du manque d'autorité de leurs parents, remplacé par la demande qui leur était faite d'être « gentils » et « aimants ».

La plupart des parents rechignent à sévir quand il faut et l'éducation, comme on le dit dans maints éditoriaux, « fout le camp ». Personne ne veut prendre le risque de ne pas être aimé de ceux qu'on a tellement voulus... L'enfant désiré n'est plus comme autrefois *prisonnier* du hasard et de sa conception, il ne tombe plus de façon inopinée dans la famille et l'élever n'est

1. *Les Adolescents devant les déviances, op. cit.*

plus une charge mais un plaisir. En revanche l'enfant d'aujourd'hui est *prisonnier* de l'amour qu'on lui voue et qu'on lui demande. L'opposition et la négativité propres à l'adolescence sont ressenties comme injustes et hors de propos par les parents : « Tu verras toi-même quand tu auras des enfants... » est leur seule réponse devant l'agressivité manifestée par l'adolescent.

Mais qui lui servira donc de modèle ? Les enseignants ? Ils se trouvent bien souvent mis en position d'éducateurs, alors qu'ils pensaient avoir choisi le métier de professeurs enseignant une discipline, ils ont à régler des problèmes d'autorité, de droit, de morale qui les dépassent, et n'auraient jamais dû s'adresser à eux...

La police elle-même, destinée à punir les délits, se trouve devant de faux délinquants qui ne s'intéressent pas tant au délit proprement dit qu'à l'engueulade qui va s'ensuivre pour eux. Les policiers sont mis à contribution pour éduquer une jeunesse errante qui agit le plus souvent par désœuvrement et n'a de cesse de se confronter avec des adultes responsables, ce que les parents ont renoncé à être.

Démission éducative parentale

Sans y prendre vraiment garde, nous avons laissé saper les références familiales nécessaires à l'établissement de l'identité de l'enfant, en remettant en cause, continuellement et publiquement, *via* les médias et surtout la télé, la place et l'autorité des parents : ils ont lâché leur rôle d'adultes autoritaires pour passer à celui de parents copains et compréhensifs. Il n'y a plus de repères, et souvent plus de père ! Il reste la plupart du temps une mère aimante et compatissante qui craint de heurter des enfants déjà bousculés par la vie de leurs parents.

Il y a, depuis des années, des campagnes de publicité autour des *droits* des enfants et des *devoirs* des parents, si bien que dans certaines familles l'équilibre s'est inversé, le droit passant du côté de l'enfant qui régente tout à coups de chantage, et les parents se décrivent souvent eux-mêmes comme dépassés par un mouvement sociologique inévitable, où ils ne veulent pas faire figure de parents rétros.

Le principe fondamental de la dissymétrie des places entre les parents et les enfants est aujourd'hui trop souvent remis en cause par les parents eux-mêmes et si la violence de l'enfant est spontanée et native, comme nous l'avons vu, celle du parent est bien remisée dans les oubliettes d'un Surmoi qui condamne toute épreuve de force physique comme « mauvais traitement » de la part d'un parent fort vis-à-vis d'un enfant faible...

On croit rêver, quand, s'asseyant tranquillement un après-midi dans un jardin public, à côté d'un bac à sable, on ne tarde pas à remarquer la brutalité des enfants entre eux et avec leurs parents et l'incapacité de ces derniers à interdire ou à se défendre de l'agressivité naturelle de leur enfant : Celui-ci refuse de quitter le bac à sable comme on le lui demande, et ne videra les lieux que triomphant, après avoir prouvé à tous que c'est lui qui commande et non l'adulte.

Pourquoi est-il devenu strictement impossible de donner une gifle ou une fessée à son enfant, sans se sentir l'objet de tous les regards et assimilé à un « mauvais » parent ? Si ce n'est parce que des années de doltomania et autres interprétations de la situation parent-enfant nous ont forgé un Surmoi de parents coupables d'utiliser autre chose que des mots pour redresser le comportement de notre enfant qui, lui, se sert de ses mains, de ses pieds, de sa bouche, voire de ses dents contre ses petits copains ou nous-mêmes.

Les médias ont contribué à imposer cette idée que les enfants seraient nécessairement innocents, bons (serait-on revenu aux idées de Rousseau en passant par Dolto ?), alors que les parents seraient naturellement sadiques, autoritaires et sourds aux demandes de l'enfant.

Le propre de certaines campagnes médiatiques a été de monter en épingle les cas les plus monstrueux de quelques enfants battus (qui ont existé à toutes les époques, mais ne sont pris en compte que récemment). Aujourd'hui, on aurait tendance à nous faire prendre pour multitude ce qui n'est que minorité. La majorité des enfants de France n'est pas maltraitée mais parfois même pas touchée, ni reprise, ni éduquée, hélas !

À voir vivre les familles de chez nous, la question pourrait être : qu'ont donc fait les parents de leur violence « fondamentale », eux qui s'évertuent à supporter celle de leurs enfants ? Et ces derniers vont-ils à leur tour refouler la force énorme qui les dresse contre le pouvoir parental ou vont-ils profiter de cette incapacité à se défendre pour les transformer en « parents martyrs », esclaves des désirs souverains de leur progéniture ?

Souvenons-nous ici que l'identité de l'individu ne s'établit que face et grâce à un autre individu et à travers un conflit né de deux désirs différents : celui des parents et celui de l'enfant de deux ans. Il se crée, à cette occasion, un lien familial à travers une *ambivalence* mesurée et fondamentale, qui assure l'identité de chacun et permet à l'enfant de quitter la symbiose avec l'Autre.

Au moment de l'adolescence, les enfants et les parents ont toujours entre eux un amour empreint d'ambivalence et si l'adolescent a besoin, comme le bébé, que la permanence de l'amour lui soit assurée, il a aussi besoin que les interdictions propres à son âge lui soient formulées et qu'une autonomie progressive lui soit accordée.

Les droits et permissions qu'on accorde à un enfant de 14 ans ou de 2 ans ne sont pas les mêmes, mais il y a toujours pour les parents *le devoir de fixer des limites* à leurs enfants, sous peine de les voir aller les chercher ailleurs et porter la querelle de pouvoir, dans des *lieux beaucoup plus dangereux* que la famille.

Seulement l'enfant en mutation qui agresse ses parents pour se prouver qu'il est grand et n'a plus besoin d'eux tombe le plus souvent sur des parents qui ont, au contraire, besoin de lui et de son amour et ne peuvent supporter le désamour adolescent (et ce d'autant plus que le parent est seul, après une séparation et se pose en partenaire d'amour unique pour l'enfant). Comment le fils et la fille adolescents, qui ont besoin de la confrontation en famille pour se construire, parviendraient-ils à remettre en cause leur mère, aimante, seule et souvent coupable? Ils perdraient le seul appui affectif qu'ils aient dans la réalité et se sentiraient eux-mêmes coupables de blesser celle qui a tout fait pour leur éviter les blessures de la vie. Dans ces familles, la culpabilité et l'agressivité remplacent l'autorité et la soumission à la loi.

Comment ce parent, surtout s'il est une femme seule, peut-il répondre à cette soudaine violence verbale ou physique de l'enfant qui prend conscience qu'il n'est plus un enfant et n'a plus besoin de sa mère?

L'agressivité naturelle contre l'autorité se voit donc refoulée ou tenue au silence là où il n'y a pas de père, pour redoubler la mère : dans la situation de parent seul, la mère se trouve être le seul lieu identificatoire de ses enfants, elle est leur « remère » faute d'être leur « repère »[1]... Si le statut des filles ne s'en trouve que peu modifié, puisque de toute façon et dans n'importe quelle famille, l'éducation des filles repose sur la mère, il n'en va pas de même pour le garçon, qui doit devenir un homme, ni comme sa mère, puisqu'elle est une femme, et ni comme un père, puisqu'il a été écarté comme homme inadéquat.

L'amour œdipien de la mère qui gêne en temps normal l'adolescent se révèle ici encore plus encombrant et peut donner lieu à une brutale volte-face contre celle qui interdit d'être comme le père. Ce qui est difficile entre mère et fils lorsque le père est dans la

---

1. Christiane Olivier, *Les Fils d'Oreste*, Flammarion, 1994, p. 169.

famille devient ici impossible et l'*identification* au père cède la place à la contre-identification à la mère : pour être un homme, il suffit de *ne pas être une femme*. Étrange conclusion qui délimite de façon définitive et négative le rapport de beaucoup d'hommes à leur femme donnant raison au psychanalyste américain Stoller : « Le premier devoir pour un homme est : ne pas être une femme[1] » et nous permet de comprendre la cruelle phrase du romancier américain Philip Roth : « Dire non à sa mère pour pouvoir dire non aux autres femmes[2]. »

Que dire alors de la recrudescence des viols et d'autres violences faites aux autres femmes, qui prennent indûment dans la tête de l'homme la place de la mère œdipienne, que le petit garçon n'a jamais osé agresser. « Tout le monde ne peut pas jouer les Oreste ! Et tuer celle qui a écarté le père du chemin de l'enfant[3] ! » La plupart des enfants de ces familles désunies tenteront d'éviter de toucher à la mère en laissant éclater leur rage à l'extérieur, dans un tout autre lieu et vis-à-vis d'une tout autre loi : ils abandonnent la famille pour le groupe...

Identité de groupe

À ce moment de rupture avec les parents où l'amour se retourne en haine jusque-là tenue secrète,

1. R. Stoller, *Masculin ou féminin ?* PUF, 1989, p. 311.
2. Philip Roth, *Les Faits*, Gallimard, 1990, p. 30.
3. C. Olivier, *Les Fils d'Oreste*, *op. cit.*, p. 116.

l'adolescent éprouve le besoin d'une relation d'estime positive avec quelqu'un qui ne soit pas un adulte comme ses parents. Il va trouver un bien-être et un mécanisme de défense tout à fait autorisé socialement dans l'amitié avec des adolescents de son âge en quête de la même chose que lui. Il va nouer des amitiés dont les parents seront soigneusement tenus à l'écart, ainsi ces derniers pourront très bien ignorer, du coup, avec qui vit leur enfant et ne rien savoir des dangers où il est parfois entraîné. On reproche souvent aux parents de délinquants ou de drogués de ne pas avoir l'œil sur les relations de leurs enfants, mais comment le pourraient-ils alors que les enfants font tout pour les tenir loin de leur vie intime, coupant brutalement le lien œdipien qui les reliait à eux pour s'attacher au groupe qui les rassure et va leur permettre de « muer » hors de la famille qui ne voulait pas de leur révolte adolescente ?

Le groupe, c'est la deuxième famille de l'adolescent, il en a fondamentalement besoin. Il n'y entre pas nécessairement pour rencontrer les autres, il s'en sert pour arriver à faire à plusieurs ce qu'il n'arrive pas à faire tout seul : trouver son identité personnelle et avoir le courage de l'imposer aux autres. Le jeune adopte dans le groupe des formes de conduite grâce auxquelles il s'affirme vis-à-vis de l'extérieur alors qu'il fait partie du groupe et en accepte les contraintes et les déguisements parfois...

Hélas, les contraintes imposées par le groupe sont parfois des conduites totalement pathologiques, ayant à voir avec la délinquance, la criminalité, la drogue ou l'appartenance à une secte. Et l'adolescent est bien mal prémuni contre ce genre de subversion, lui qui est en pleine provocation familiale et sociale. Certains adolescents vont plonger pour plusieurs années dans des comportements délinquants qui ne leur apportent que la satisfaction d'être reconnus et tenus pour les égaux de leurs copains.

Ce n'est que beaucoup plus tard, et à la suite d'un accident de comportement ayant nécessité l'intervention de la famille ou de la justice, que l'adolescent aura l'occasion de faire enfin le point sur la soif de reconnaissance et d'identité qui l'a mené à des actes délictueux qu'il n'aurait pas commis en d'autres circonstances et surtout s'il y avait eu un père à la maison...

Mais la force attractive d'une identité de groupe qui prend le relais du groupe familial tout en s'en différenciant est irrésistible à l'adolescence. Tout le monde se souvient, avec un sourire, de la première mode vestimentaire propre à l'adolescence égalitaire entre filles et garçons, la mode « baba cool » qui signalait un refus du conformisme parental et une façon de vivre pacifique. Personne ne trouvait vraiment à redire aux jeans déchirés, effrangés ou coupés aux genoux, ni aux cheveux longs et peu soignés des filles et des garçons des années 70, car ils ne portaient atteinte à personne mais voulaient simplement signifier qu'ils ne faisaient pas partie du monde sérieux des adultes.

C'était l'époque où l'adolescence n'avait d'autre souci que de se distinguer de l'âge adulte, et où les parents n'avaient pas à subir la dénarcissisation entraînée par le chômage et le manque d'argent. On était en pleine expansion économique; chacun trouvant sa place, la provocation des adolescents était supportable et les parents en souriaient. Alors qu'aujourd'hui beaucoup de parents, loin de servir de modèle, n'arrivent plus à trouver ni plaisir ni désir dans une vie faite de castrations, séparations, chômage dont ils ne voient pas la finalité, se contentant d'espérer une autre société pour leurs enfants.

Une antifamille : les gangs

Devant l'impossibilité de dépenser sa force vitale en la retournant contre ses parents comme le suppose l'économie libidinale de l'adolescent, *celui-ci retourne cette force vers l'extérieur* et, ce faisant, devient parfois asocial, délinquant; s'il retourne sa négativité contre lui-même il tombe dans la dépression (retournement de la pulsion sur soi-même, *cf.* Freud page 14 de ce livre). L'adolescent est par définition contestataire et porteur d'une rébellion contre tout ce qui EST, y compris lui-même dans certains cas.

Dans les générations précédentes le conflit identificatoire de l'adolescent débouchait généralement sur un choix de vie se rapprochant plus ou moins de celui des parents, eux-mêmes représentant *ce qu'il fallait être*, alors qu'aujourd'hui, ils ont trop souvent tendance à représenter *ce qu'il ne faut plus être*. On pouvait demander à un adolescent. « Qu'est ce que tu veux faire plus tard? », il avait souvent, sinon un projet précis, du moins une idée d'orientation. Aujourd'hui l'éternelle réponse d'un jeune entre 13 et 18 ans : « Je ne sais pas! » révèle que le conflit identitaire ne débouche sur aucune solution, parce que l'avenir ne se dessine qu'en noir : chômage, divorce, racisme (pour certains) et difficultés d'insertion pour tous. Est-ce là un futur motivant, est-ce là un moteur pour traverser la vie ?

L'adolescent, pris entre la rage et la pitié envers ses parents (déshérités, isolés, immigrés), ne trouve qu'une solution : claquer la porte ! Et de l'autre côté de la porte, il y a la rue avec tous ceux qui, pour une raison ou pour une autre, en ont fait leur domicile habituel et le lieu de leurs actes antisociaux.

La « rage » est à la racine de la violence destructrice, elle en est le ferment. *La rage est une sorte de seconde nature* issue du Ça primitif, habitant les jeunes qui se trouvent bloqués dans le développement normal de leur Moi, et régressent vers la partie la plus archaïque d'eux-mêmes. La rage peut donc exploser à tout instant et quel que soit le prétexte, elle recouvre la haine de soi et des autres...

« La rage est diffuse, elle irrigue les conduites délinquantes, crée de l'excès dans la destruction et le saccage. Lors des "rodéos" on ne vole pas les voitures pour se déplacer, on ne les vole pas pour les vendre, on ne vole même pas pour "flamber" dans la ville, mais plutôt pour détruire des objets dont l'existence même engendre la haine[1]. » Le centre social dont les jeunes sont les principaux usagers est fréquemment saccagé « juste pour le plaisir ». La rage a une caractéristique : elle n'a pas d'adversaire précis, c'est une

1. F. Dubet et D. Lapeyronnie, *Quartiers d'exil*, Le Seuil, 1992, p. 122.

émotion qui prend naissance dans le Ça de l'individu et envahit tout le vide laissé par l'inutilisation d'une libido adulte qui demande à s'employer absolument : études, sport, métier, sublimations de toutes sortes en sont les chemins les plus habituels mais sont fermés pour la plupart des jeunes qui habitent la banlieue.

La rage s'incarne souvent contre un adversaire qui représente la violence et l'arbitraire : la police est alors toute trouvée pour devenir le « bouc émissaire » des jeunes désœuvrés des cités errant dans les rues, à la recherche de quelque chose à faire. Là se retrouvent les enfants d'immigrés, chassés de chez eux par le manque de place physique et morale et cherchant leurs frères au détour d'une rue. Là se trouve aussi cet adolescent d'une famille française qui a un ou des parents, une chambre, une télé et des devoirs à préparer pour le lycée demain, mais qui en a assez d'être le « gentil petit » qui fait plaisir à ses parents.

Contrairement à quelques clichés médiatiques, les banlieues françaises ne sont pas envahies par les gangs de jeunes, et nous sommes encore très loin de la situation américaine. La délinquance, le vol, les petits trafics illégaux sont vécus comme moyens de se procurer ce qui est nécessaire à la vie : un jeune a besoin d'un vélo, d'un blouson, d'une paire de baskets, d'un peu d'argent. S'il ne l'a pas, il le vole... Il s'agit pour les adolescents d'une stratégie d'intégration illégale puisque les chemins de l'intégration légale leur sont fermés.

Certes, les formes de violence ne sont pas du même ordre à Paris, Los Angeles ou Bogota. Il y a dix fois plus d'assassinats aux États-Unis qu'en France où les gangs de jeunes ne sont le plus souvent pas armés et où le hachisch et la bière sont plus familiers que le crack... « Même dégradée et abandonnée une banlieue française ne ressemble ni à une favela brésilienne, ni aux quartiers noirs de New York[1]. »

Ces gangs d'adolescents ne cessent d'agir, d'agresser et de s'attaquer à des objets inadaptés ou à des personnes totalement étrangères à la dérive des quartiers... Petits commerçants, postiers, retraités, conducteurs d'autobus ou même autres jeunes, nul n'est à l'abri des exactions de ceux qui pensent que toute personne qui a une place dans la société ou participe à la consommation dont ils sont exclus est une cible !

Il y a des terminus d'autobus où personne ne descend plus ! Il y a des escaliers d'immeubles qu'on craint d'emprunter à toute heure du jour ! En 1996, les mineurs représentent 16 % des auteurs de crimes et délits (contre 14,1 % en 1995).

Les jeunes font régner la terreur par leur violence tous azimuts qui est celle primitive de l'enfant qui défend son droit à être : racket dans les écoles, vol à l'étalage, vol de voitures, incendies, bris de vitrines et meurtres sont la spirale habituelle de tous ces adolescents de 13 à 20 ans qui ont déserté l'école ou en ont été exclus... Tout enfant exclu de l'école est un enfant qui a des problèmes, ou affectifs, ou intellectuels et qui vient d'une famille elle-même socialement perturbée. L'école trop souvent n'apparaît plus comme évolution valorisante mais comme voie de garage : on se débarrasse de l'enfant, c'est pour cela que l'école ne

1. *Ibid.*, p. 38.

l'intéresse plus, qu'il s'en échappe ou tente de s'en faire renvoyer.

Appréhendés, ces enfants-là ne doivent pas être rendus à leur famille inexistante, ni à la rue, mais placés dans des centres psychotechniques adaptés à leurs capacités réelles ou faire l'objet d'un rattrapage spécifique à petit effectif.

Il faut impérativement repenser la scolarité de ceux qui, pour des raisons ethniques ou des blocages affectifs, ne peuvent pas suivre une scolarité normale. Car les jeter à la rue, c'est les retrouver quelques mois plus tard délinquants, drogués ou dealers ayant constitué, à côté de la société reconnue, une autre société parallèle et dangereuse. L'incarcération des jeunes délinquants s'avère inefficace, et la récidive trois mois après la libération, dans 40 % des cas, marque l'inadaptation de cette sanction répressive envers des jeunes qui ne sont ni de vrais voleurs, ni de vrais tueurs, mais de vrais « enragés ».

La drogue et le suicide

Certains, ne sachant comment sortir de l'impasse, préfèrent tout oublier et tombent dans les paradis artificiels de la drogue dont ils auront beaucoup de mal à décrocher... En acheter, en vendre, en consommer, c'est oublier pour certains qu'ils font partie des « délaissés », et croire qu'ils ont trouvé une utilité sinon honorable, du moins lucrative. Mettre de la fumée entre soi et le monde, c'est promouvoir une autre réalité, une autre existence qui calme le besoin et se moque des lois. Mais les adolescents sont-ils prévenus que c'est une vie pleine d'aléas, de dangers, où tous les coups sont permis par la suppression de tout Surmoi (due à la drogue) ?

Cette drogue, qui maintient l'existence en satisfaisant le besoin, peut déclencher (comme au temps de la lutte orale pour la vie), la violence pour être. L'adolescent drogué se conduira alors selon la loi inhumaine du « tout ou rien » qu'il avait connu lors des premières années de sa vie.

Certains, ne sachant comment trouver le « tout » et fuir le « rien » préfèrent attenter à leur vie. Le taux de suicides augmente nettement au moment de l'adolescence : sur 12 000 suicides comptabilisés en 1997, et 165 000 tentatives chaque année en France, 900 suicides sont attribués à des jeunes. « Trois suicides par jour de gens qui sont à l'aurore de la vie, c'est beaucoup[1] ! »

Ce n'est pas un hasard, c'est le signe d'une impasse dont le sujet n'arrive pas à sortir autrement que par la fuite. Si l'enfant n'a pas trouvé chez lui de modèle valable et n'a pas osé être publiquement l'enfant de ses parents, les seuls sentiments qu'il connaisse sont la honte, le désespoir et la solitude. Solitude qui l'empêche parfois de faire le pas salutaire vers d'autres adolescents auprès de qui il pourrait trouver compréhension et soutien, et dont l'opposition systématique aux valeurs familiales pourrait revigorer la sienne. Or à

1. Professeur Michel Debout, dans *Panorama du médecin*, 1998.

cet âge critique, *tout ce qui permet de s'opposer à l'Autre est préventif du suicide.*

Lorsque l'adolescent est exposé à ce point, il peut ressentir un isolement total et une impossibilité complète à agresser des parents déjà infériorisés et méprisables. Sa violence fondamentale ne pouvant trouver à s'exercer nulle part se retourne contre lui-même et le pousse à une autoagression définitive : se supprimer puisqu'il n'est et ne sera comme personne... Ces sentiments sont ceux qui se font jour chez un adulte, en période de dépression, mais, le plus souvent, une cause peut alors être incriminée et l'individu peut formuler une demande d'aide. L'adolescent n'a lui qu'une cause à dénoncer : le mal-être des siens, auquel il préfère sa mort.

Si la violence contre les autres est apparente parce que répertoriée et comptabilisée par les médias, la violence de l'adolescent envers lui-même, bien que plus cachée et tenue souvent secrète par des familles inquiètes ou coupables, n'en est pas moins inquiétante. À ces suicides volontaires, il faut ajouter les morts dues aux surdoses. On aura une idée de la gravité du phénomène quand on saura que la mortalité violente chez les jeunes représente à notre époque 70 % des décès des 15-24 ans et que cette proportion ne cesse d'augmenter[1].

Depuis 1975, le suicide chez les jeunes est en augmentation constante et, dans les vingt-cinq dernières années, le nombre en a été multiplié par trois. Il y a

1. Haut Conseil de la famille, « Mortalité et morbidité violente dans la population des jeunes de 15 à 24 ans », 1989.

bien chez les adolescents un problème actuellement sans solution pour que la mort apparaisse à ces jeunes comme la seule issue...

Le problème de cette longue adolescence dans des banlieues suburbaines se trouve au carrefour de plusieurs dialectiques :

1. Celle de l'impossible opposition à des parents qui ne sont plus de taille à la supporter, puisque, journellement, eux-mêmes sont appelés à critiquer une société d'injustice et de privilèges où le profit est roi et dont ils sont exclus;
2. Celle de l'adolescent qui vit avec une femme seule responsable, parce que le père, destitué de sa fonction de mari, a quitté la maison, ou que le père, présent, ne remplit pas sa fonction d'appui viril et de modèle pour son fils. Ce dernier se trouve face à une femme plus faible que lui et dont il connaît l'amour... Il préfère se détruire plutôt que la détruire;
3. Celle d'un Moi individuel qui n'arrive pas à s'épanouir, n'étant plus soutenu ni alimenté par un projet de vie réalisable. En effet dans quel projet un jeune d'aujourd'hui peut-il mettre ses espoirs sans se rendre compte qu'il ne s'agit que de rêves ?... La réalité qui l'attend, il ne peut pas la connaître, ni la préparer de façon valable, puisque la mondialisation des marchés va l'entraîner il ne sait où, il ne sait quand...

Être adolescent aujourd'hui, c'est s'avancer seul et sans appui vers un monde inconnu dont on ne connaît pas les limites et où l'on ne voit pas sa place. Comme chaque fois que l'humain est confronté au problème de l'existence et de sa place, la violence du Ça fait son apparition comme agent protecteur de l'individu et de son désir de vivre.

La société dont nous venons de tracer le portrait produit de jeunes travailleurs pour lesquels la vie s'apparente à un curieux destin qui les conduirait rapidement de la sortie précoce de l'école au monde du non-emploi. La jeunesse longue et l'insouciance ne sont offertes qu'aux jeunes bourgeois et à la très faible minorité des boursiers que leur réussite scolaire arrache à un avenir douteux.

Au moment où naissait le rêve d'une grande Europe comme communauté élargie et carrefour de l'Occident, n'avons-nous pas vu la majorité des jeunes opter pour elle, comme s'il s'agissait d'un avenir nouveau qui serait leur affaire ? Et aujourd'hui, combien de nos enfants croient-ils encore à ce grand rêve ? Et combien d'entre eux ont plongé dans la désespérance, la violence ou la drogue ?

Un pays sans avenir est un pays dont la jeunesse souffre particulièrement car l'avenir c'est le propre de celui qui grandit et a besoin de faire partie d'une famille plus large que celle dans laquelle il est né et qui lui a servi de cadre « individuel ». L'adolescent est en quête d'une famille sociale et politique et où il aura son rôle à jouer. S'il ne trouve pas d'avenir sociopolitique, il se fanera tel une fleur sans eau et se tournera vers le passé et la régression : drogue et alcoolisme ne sont-ils pas les pansements électifs de tous les défavorisés de notre pays, dont on écrit régulièrement – sans trop chercher à comprendre pourquoi – qu'il est l'un des premiers, sinon le premier, pour la consommation des drogues licites que sont les anxiolytiques et antidépresseurs ? N'est-ce pas là un signe que la France, n'arrivant pas à trouver un avenir dans l'Europe dont elle a tant rêvé, s'anesthésie pour ne plus souffrir ?

Chapitre IV

NI L'ÊTRE, NI L'AVOIR : LA BANLIEUE

Lorsqu'on évoque la violence, une constatation s'impose : la violence part des banlieues, c'est là qu'elle éclate accompagnée de son cortège de désespérance, délinquance, agressions, drogue, insécurité. Certains quartiers sont devenus de véritables zones interdites excluant toute présence policière. Des cités comme oubliées, réservées à ceux qui sont exclus et interdits ailleurs... Mais comment tous les déshérités du système se sont-ils retrouvés là ? Quels phénomènes ont fait converger en ce lieu mitoyen de la ville, et les familles françaises les plus démunies, et les immigrés de toutes nationalités, tous en panne d'Être ou d'Avoir ?

Les banlieues de l'oubli

Dans les années 60, on élabore un vaste plan social ayant pour but de raser les cités-taudis qui fleurissaient autour des grandes villes afin de les remplacer par un habitat salubre et assez vaste pour donner à chacun l'espace nécessaire à une vie décente.

Mais très vite cela ne suffit plus car à partir de 1962 il faut, non seulement reloger les Français, mais accueillir aussi les rapatriés d'Algérie. Le gouvernement français lance une idée : pourquoi ne pas bâtir de nouvelles villes satellites des quartiers périphériques, vétustes et surpeuplés, de la capitale ?

Ainsi naquirent : Cergy, Évry, Créteil, Sarcelles, Noisy-le-Grand, Franconville, Les Noues, qui devinrent rapidement, non pas des cités vivantes, mais des dortoirs où les lumières ne s'allument qu'après 18 heures lorsque rentrent, fatigués de leur journée, les plus défavorisés des travailleurs parisiens.

Toute une population hétéroclite s'agglutine là, dans ces « ensembles » qui ne méritent pas le nom de villes, tellement tout ce qui constitue la ville en est absent : centre administratif, commerçants, cafés et lieux de culture. Les grandes surfaces sont les seuls lieux où tout le monde se retrouve le samedi. Le reste du temps, les rues, vides d'adultes, sont livrées aux enfants hors des horaires scolaires – ces fameux enfants à la clé qui rentrent chez eux avant leurs parents – et à ceux qui ne vont plus à l'école. Ces « redoutables » adolescents de 15 à 20 ans et souvent plus, qui faute d'avoir trouvé un travail, sont à la recherche d'un but, prêts à s'engager dans n'importe quelle action, pourvu qu'ils puissent enfin agir et Être, ce qui est le propre de tout humain jeune et en bonne santé. La violence générale, problème majeur des banlieues, prend sa source dans le manque d'activité des jeunes. Frappés d'inutilité et souffrant de non-Être, ils cherchent du coup l'Avoir : argent et drogue.

Lorsque l'on s'interrogeait à la fin de la décennie 70, après les Trente Glorieuses sur l'apparition de la violence en France, l'idée ne venait à personne de montrer du doigt les banlieues bâties entre 1960 et 1970, où l'on recasait les habitants des taudis urbains, et beaucoup d'immigrés de toutes nationalités : Portugais, Espagnols, Italiens, Marocains, Algériens...

Les Français qui les premiers ont occupé ces grandes banlieues étaient ceux qui s'étaient expatriés de leur province natale. Ils avaient perdu leurs repères campagnards : le village et l'église se réduisaient à une photo jaunie posée sur le buffet. De même quelques années plus tard, l'exil algérien allait faire du voisin de palier celui qui rêve de pistes, de djebels de douars et recouvre son lit d'une couverture venant de là-bas, de l'autre côté de la Méditerranée... Chacun se raconte son histoire pour oublier sa condition actuelle, chacun rêve de retour au pays... Mais le pays n'est pas le même, et chacun, ressent la différence d'avec son voisin, comme un redoublement de son propre exil.

Dans les quartiers « sensibles » se pose d'abord un problème de confrontation d'identités, et là comme ailleurs, la différence d'identité engendre la ségrégation et le racisme... Racisme ou xénophobie? « Avec l'apparition des beurs, l'installation des Maghrébins devient une évidence. Or ce ne sont pas tellement des étrangers qui s'établissent, mais d'anciens colonisés et leurs enfants. Ils accèdent à l'égalité et la parité civile[1]. »

Colonisés, les Maghrébins disposaient d'un statut « infériorisé », que les travailleurs « immigrés » prolongèrent, tant qu'ils occupaient des fonctions subalternes. Ils n'étaient pas perçus comme une menace : tant qu'ils restaient des Arabes, nous restions des Français ! La différence maintenue, la nationalité du moins était sauvegardée !

Depuis la décolonisation ils ont accédé à l'indépendance et à l'égalité avec nous au nom même des principes universels et des droits de l'homme. Et maintenant ils éprouvent un terrible ressentiment – n'étant pas accueillis comme des amis séculaires de la France : ce qu'ils croyaient être. Ils sont déçus, irrités, et en colère d'être des laissés-pour-compte d'une société qui n'a pas tenu ses promesses...

Depuis le temps de l'immigration dans de difficiles conditions, les travailleurs étrangers de différentes origines ont été relogés, assimilés à des travailleurs français, avec les mêmes droits, mais ils retrouveront la discrimination sur le palier du dixième étage du quatorzième bâtiment : un Français au chômage, d'âge mûr, ne peut supporter de voir, en face de chez lui un « Arabe » à la quête des mêmes emplois et touchant les mêmes indemnités !

Il refuse de s'identifier à l'immigré ou que l'immigré s'identifie à lui, et c'est de ce refus que découle le racisme des banlieues qui fait écho au racisme de toujours : certaines cultures sont trop éloignées de nous

1. F. Dubet et D. Lapeyronnie, *Quartiers d'exil*, *op. cit.*, p. 152.

pour être intégrées à notre *modus vivendi*, cela est d'autant plus vrai des Français et des Algériens qu'une longue histoire de domination a dressés les uns contre les autres pendant cent trente ans ! La discrimination et l'exclusion font journellement partie de la vie des jeunes beurs qui se voient refuser, sous différents prétextes, l'entrée de certains lieux « sensibles » (boîtes de nuit, salles de jeux, casinos). Mais la pire des discriminations s'exerce lors des embauches.

Le barrage à l'embauche est terrible. Même pour un petit emploi, on préfère un Portugais, un Polonais ou un Yougoslave avant de se résoudre à prendre un Algérien, marquant bien alors envers lui une hostilité toute particulière, qui le rendra amer sinon haineux.

Sans la rancœur des pères, comment expliquer la rage et la violence des jeunes, dégradant volontairement un habitat collectif imaginé par des gens qui n'y vivent pas et dont on peut penser qu'ils n'ont rien à faire du désespoir qui se développe dans ces tours de dix étages et plus ?

Comment rendre compte des saccages systématiques des rares grandes surfaces et de la déprédation des voitures de ceux qui sont assez riches pour en avoir une ? Rage de ceux qui ne sont ni d'ici ni d'ailleurs et n'ont rien à défendre sinon le scandale d'être nés du mauvais côté du boulevard de ceinture.

Les « villes à la campagne » constituent un échec évident pour la société française... Les villes nouvelles n'ont pas rempli leur objectif d'insertion ou d'intégration harmonieuse des populations. Le chômage concerne tous les jeunes sortant de l'école ou de la faculté, mais la façon dont il se vit à Lyon ou aux Minguettes n'est pas la même et on peut comprendre la rage destructrice tous azimuts de ceux qui n'ont rien à faire et rien à consommer dans une banlieue oubliée de tous.

Aussi la violence généralisée qui est le problème majeur posé par les banlieues trouve-t-elle sa source dans le non-accomplissement des jeunes et dans le sentiment unanimement partagé d'être inutile dans une société qui n'a pas besoin de vous et ne demande qu'à vous oublier dans un isolement toujours croissant.

La galère

Les banlieues et la galère sont, la plupart du temps, et en tout pays, associées aux jeunes de la deuxième génération, donc chez nous, en ce moment, aux enfants des immigrés maghrébins. Ils ne constituent pas l'intégralité de la population des banlieues, mais ils en forment la partie la plus visible, la plus bruyante et la plus directement concernée. Aux yeux d'une fraction de l'opinion publique, ils sont assimilés aux difficultés des banlieues.

Les problèmes posés par la deuxième génération d'immigrés ne sont pas d'aujourd'hui, ils ne sont pas non plus particuliers aux jeunes Maghrébins, pratiquement tous les enfants d'immigrés rencontrent des difficultés spécifiques pour s'intégrer du fait de l'étrange « dualisme » dans lequel ils sont nés.

L'été 1981, stupéfaits, les Français découvrent les premières voitures calcinées, par de jeunes désœuvrés qui, pour s'occuper, organisent des « rodéos » au nez et à la barbe des forces de police. Que ce soit aux Tarterets, près de Paris, aux Minguettes, près de Lyon ou à Cronenbourg, quartier « sensible » de Strasbourg, la constatation est la même : les actes de violence sont menés par des jeunes que la police s'estime dans l'incapacité d'affronter compte tenu de leur nombre et de leur technique parfaitement au point au cœur de leur « ghetto ».

Sans emploi, les jeunes galèrent entre petits boulots, vol à l'étalage ou racket, allant même jusqu'au vol de voitures et au « casse » : il faut bien vivre ! Parfois, la drogue engendre une véritable économie répondant à une vraie demande, mais elle produit violence et délinquance. La police est reçue par des jets de pierres, et des incidents fréquents opposent jeunes et forces de l'ordre. Tout incident est susceptible de cristalliser la violence d'une jeunesse inactive prête à se jeter dans la première bagarre, quitte à la transformer en épreuve de force entre ceux qui *représentent* l'État et ceux qui ne font plus *partie* d'un État qui laisse à la dérive une partie des siens.

Désespérés et amers, la plupart des jeunes, qui atterrissent à 16 ans en lycée spécialisé, comprennent que leur avenir ne sera pas celui qu'ils espéraient. Ils préfèrent tout planter là pour se jeter dans la « galère ».

« Galérer », c'est sortir de l'impasse scolaire pour tenter de se frayer une route atypique à travers une jungle sans loi où l'astuce et la rapidité de réaction s'avèrent primordiales, alors que les qualités de logique et de réflexion n'ont pas paru suffisantes pour passer les portes de l'enseignement supérieur.

Ces jeunes se décrivent comme intégrés socialement à leur propre banlieue, mais « exclus » rejetés et mis en dehors de leur propre milieu par cette saleté d'école qui différencie ceux qui pourront réaliser leurs rêves et ceux qui ne le pourront pas. Il s'ensuit un sentiment de dévalorisation personnelle, on croit à une injustice, on se met à vivre alors avec « la rage », celle que décrit si bien Mathieu Kassovitz dans son film : *La Haine.* À sa sortie, en 1995, il fut considéré comme la juste représentation de ce qui se passe dans les banlieues : on galère, c'est-à-dire on traîne pour tuer le temps et ce faisant, et selon les circonstances, on met en actes toute la rage qu'on se trimbale au cœur.

« Les jeunes Français et les jeunes immigrés de la galère sont, les uns et les autres, déracinés, déportés loin de la ville et de ses distractions, ils ne s'opposent guère en terme de culture et de différence [1] » comme leurs parents, mais se retrouvent frères pour ce qui est de *l'ennui.*

Leur expérience commune est celle d'un univers métissé, mélangé, instable, où les liens locaux sont plus vrais que les racines nationales ou ethniques. Ce qu'ils partagent, c'est la haine de leur propre vie et de leur propre destin.

La haine est le stade préliminaire à la violence. Elle précède de peu l'acte violent qui va blesser ou tuer celui avec qui on n'est pas d'accord. Comme nous l'avons déjà observé, ces jeunes qui ont vécu dans les

1. *Ibid.*, p. 128.

rues depuis leur plus jeune âge n'ont appris nulle part l'art de la conciliation. Ils en sont restés à la pure violence orale : « Si tu m'empêches de passer, je te BUTE, si tu m'empêches d'exister, je te TUE. »

Souvenons-nous que l'être humain naissant privé des moyens de vivre commence par hurler avant de s'agiter en tous sens, cogner, taper, se faire mal... Là, dans ces banlieues, vivent des jeunes qui n'ont pas les moyens d'exister et savent de plus qu'ils ne feront pas partie de la société des travailleurs pour laquelle leurs parents avaient émigré, et qu'ils ne pourront pas y vivre ! Ils cognent, ils tapent, manifestant une libido qui tourne à vide, sans objet de dérivation possible, un « Ça » qui se déchaîne.

Ces adolescents volent et violent parce qu'ils se sentent volés et violés de leur droit à exister ; ils veulent qu'on sache qu'ils sont vivants et qu'ils ont droit à participer à la vie sociale du pays qui a accepté leurs parents.

Les acteurs de cette violence sont de plus en plus jeunes, de plus en plus agressifs : d'après le Syndicat des commissaires, la violence à l'école connaît une forte progression : en 1994, 583 actes violents ont été recensés contre 480 en 1993 et 58 % des violences scolaires concernent des agressions à main nue contre des personnes ; un jour ce sont deux mineurs qui poignardent leur camarade Hatim, âgé de 15 ans, à Garges-lès-Gonesse, un autre jour c'est Leïla (14 ans) qui étrangle avec une cordelette sa camarade de classe Sabrina à Vandœuvre-lès-Nancy ; à Marseille, Nicolas, âgé de 14 ans, est tué à bout portant par un élève de sa classe.

En l'espace de quelques années, le visage de la délinquance des jeunes de France a opéré une véritable mutation caractérisée par trois constantes : les délinquants mineurs sont de plus en plus *nombreux*, de plus en plus *jeunes*, et de plus en plus violents et *armés*. Autrefois cantonnée à certains lieux mal famés des villes, la violence éclate au milieu des cités « sensibles » aussi bien dans les transports en commun que sur la voie publique. À la périphérie des villes, s'est créé un continent entier qui semble s'éloigner de la société intégrée et établie.

Ce phénomène de la *dualisation*, qu'on préfère appeler *rupture*, sans doute parce que ce terme renvoie à une partition inévitable menant à l'exclusion, n'a pas pris l'ampleur qu'il connaît dans le tiers-monde ou sur le continent américain, mais il marque profondément la vie sociale et politique française et suscite inquiétude, insécurité et mauvaise conscience. Il est le reflet de l'égoïsme des classes moyennes et supérieures vis-à-vis des plus faibles.

La population « reléguée » n'est ni exploitée ni dominée, elle est « ignorée » : elle a perdu son existence sociale et ceux qui la composent ne trouvent plus de sens à leur vie puisqu'ils ne font partie d'aucune économie et ne sont utiles à rien. Les jeunes des banlieues ne parlent pas comme des travailleurs ; ils ne parlent pas non plus comme des citoyens invoquant des droits, ils clament leur dignité et en appellent aux « droits de l'homme » et surtout à celui du travail, dont le premier et le plus fondamental : le droit à l'embauche assure tous les autres...

Ces jeunes ne se perçoivent pas comme les autres citoyens, mais comme les défenseurs de leur quartier, comme les habitants d'un territoire défini par la marginalisation et le racisme : un désert, certes ! Mais le leur !

Les enfants de l'immigration

Avant 1974 la présence des immigrés ne constituait pas un vrai problème. Les hommes arrivaient généralement seuls en tant que travailleurs dans le bâtiment ou l'automobile : Algériens, Marocains, Tunisiens formaient alors la base de la main-d'œuvre non qualifiée en France. À partir de 1974, l'immigration change de nature et à une immigration *transitoire* de main-d'œuvre se substitue une immigration familiale et *définitive*.

Entre l'apparition de la crise économique qui réduit le besoin de main-d'œuvre, la loi sur le « regroupement familial » et la réduction du flux migratoire imposée par le gouvernement, la fixation des immigrés déjà installés sur notre sol s'accentua car beaucoup de Maghrébins eurent en effet peur, s'ils partaient, de ne plus jamais pouvoir revenir... « Aujourd'hui la France compte 4,1 millions d'immigrés, c'est-à-dire des personnes nées hors des frontières, quelle que soit leur nationalité... Parmi eux la proportion d'immigrés européens a fortement diminué passant de 54 % en 1975 à 36 % en 1990 (cette année-là, sur 100 000 immigrants entrés en France, pour la plupart au titre du regroupement familial, les trois quarts étaient maghrébins ou turcs)[1]. »

« Actuellement, près de 70 % des enfants d'immigrés sont nés en France. Ils ont été scolarisés, au moins jusqu'à 16 ans, dans ce pays, ils font "partie du décor français". Comme toutes les populations de jeunes immigrés ils sont engagés dans un processus d'intégration avancé[2]. »

Peut-être plus que d'autres, les Maghrébins ont largement adopté les comportements, les valeurs et la culture des Français qu'ils connaissaient déjà... Mais ils ne se sont pas totalement fondus dans l'univers des classes populaires françaises, car plusieurs générations sont nécessaires pour changer de culture sans risquer de perdre son identité : on ne nie pas impunément son origine, ni son histoire. Ils ont parfois gardé certaines pratiques religieuses et culturelles : ramadan, port du foulard dans certains cas, habitudes alimentaires, etc. Mais ces pratiques restent individuelles et privées : la religion musulmane, de moins en moins pratiquée par les jeunes, n'a pas donné naissance à un groupe ou une communauté d'une culture particulière.

En se rapprochant des mœurs et du mode de vie des Français, les enfants ont créé un écart important avec des parents dont ils ne veulent plus perpétuer les modes de vie jugés désuets. « L'image du "père" est dégradée. Il est identifié à la pauvreté ouvrière et à une condition humiliante, dont les enfants ne veulent plus[3]. » Souvent au chômage, il a des revenus parfois

1. *Ibid.*, p. 82.
2. *Ibid.*, p. 141.
3. *Ibid.*, p. 141.

plus faibles que ceux de certains de ses enfants, il tend à se raccrocher à une identité et à des pratiques qui paraissent rigides, figées et inadaptées dans un pays moderne.

« Les choix et les conduites des jeunes d'origine maghrébine sont beaucoup plus proches de ceux des jeunes Français de leur âge, que de ceux de leurs parents[1]. » Mais comme tous les enfants de la deuxième génération, leur Moi reste ambivalent, partagé entre deux identifications opposées.

La distance entre parents et enfants engendre conflits et ruptures, l'opposition des générations est aiguë même si elle débouche rarement sur des cassures définitives, car les enfants de la deuxième génération restent malgré tout attachés à leur famille, comme à un espace affectif et non comme à un mode de vie, ou à un repère de valeurs. Eux, les jeunes, ce qu'ils veulent c'est l'insertion à égalité parmi les Français : les garçons ne veulent plus de la condition immigrée et ouvrière de leur père, et les filles refusent le statut soumis de leur mère.

La décision de rester en France est pratiquement imposée par des enfants qui ne se sentent pas appartenir à un pays dit d'origine qu'ils ne connaissent pas. Les jeunes Maghrébins sont des « enfants symboles » concrétisant la fin de tout projet de retour au pays, rêve de leurs parents aujourd'hui bien périmé.

« Si vous n'êtes pas contents dans les jardins de France, retournez dans votre désert ! Je m'y attendais.

1. *Ibid.*, p. 142.

Décidément ce “désert” restera collé à ma peau toute ma vie, même si je ne l'ai jamais connu[1]. »

Tous ces gens, victimes du racisme postcolonialiste, sont identifiés à ces quartiers, la relégation semble définitive car elle concerne une population installée qui a raté son insertion et non plus des hommes en situation de transit.

L'addition des problèmes sociaux et la présence de familles aux nombreux enfants, souvent à la dérive hors de l'école aux heures où les autres enfants sont sur les bancs de la classe, accréditent l'idée que les banlieues sont des « ghettos » appartenant aux immigrés de tout bord et aux Beurs.

En vérité il n'existe pas de « ghettos » ethniques en France ; la politique du logement tâche d'en éviter la constitution, et la population d'ensemble des cités reste diversifiée et hétérogène. La véritable ségrégation qui s'exerce dans les banlieues est celle du chômage. Une analyse menée sur les 28 îlots sensibles de la région parisienne illustre cette situation : niveau de vie inférieur (parfois moins de 10 % des familles possédant une voiture), taux de chômage très élevé, proportion élevée de familles monoparentales et de grandes familles nombreuses maghrébines (30 et 45 % pour ces banlieues sensibles – Seine-Saint-Denis, Les Tarterets, Corbeil-Essonnes, faubourgs de Lille, quartiers nord de Marseille, Les Minguettes – contre 10 à 20 % ailleurs) mettant les problèmes des immigrés au premier plan de l'actualité violente et cristallisant dans

---

1. Azouz Begag, *Quand on est mort, c'est pour toute la vie*, Gallimard, 1994.

un certain périmètre et sur une certaine population le résultat d'une société trop vite industrialisée dont les trois caractéristiques sont chômage, paupérisation et exclusion.

Le chômage des enfants d'immigrés reste très supérieur à celui des autres jeunes ; pour une forte minorité, l'insertion sociale est manquée.

« Déjà à l'école, les retards, les orientations négatives et les échecs sont fréquents. Les jeunes d'origine étrangère, et notamment les Maghrébins, sont plus nombreux dans les filières courtes et techniques [...]. Il en est de même dans les différents stages d'insertion et de formation : leur présence est d'autant plus forte que le stage est moins qualifié[1]. »

Les immigrés de fraîche date et peu assimilés sont les premiers à souffrir de la réduction des emplois peu qualifiés. Si la majorité des travailleurs immigrés a actuellement des difficultés importantes, certains de leurs enfants connaissent une remarquable ascension sociale, grâce à la scolarisation : des réussites brillantes, comme l'entrée de jeunes beurs dans les grandes écoles ou les médias, côtoient des échecs tout aussi retentissants qui contribuent à la formation des îlots de marginalité.

L'école, sauvetage ou exclusion ?

L'école elle-même peut-elle continuer à jouer son rôle d'enseignement pour tous quand son fonctionne-

1. *Ibid.*, p. 144.

ment est perturbé par des enfants « inadaptés » à la vie scolaire ? Malgré de grosses difficultés, des enfants au Moi incertain, n'allant à l'école que parce que c'est « obligatoire » et « nécessaire » pour les allocations, l'école publique reste l'appareil d'État le plus présent dans les banlieues. *L'école est le principal appareil d'intégration des jeunes aujourd'hui.*

C'est sûrement à l'école que la discrimination entre les enfants est la moins pesante, elle reste le « lieu » ouvert à tous les enfants du quartier. Le racisme et le délit de « sale gueule » y pèsent moins lourd qu'au guichet de l'administration voisine, ou qu'au commissariat du quartier.

Avec l'allongement des cycles scolaires et la multiplication des qualifications, on demande à l'école à la fois d'élever le niveau de tous et de pratiquer une sélection en vue d'une orientation. La fonction intégratrice de l'école se double donc d'un rôle de tri. Cette sélection scolaire est souvent vécue comme une mise à l'écart précoce et définitive constituant une cruelle ségrégation pour certains élèves...

Certaines filières ne débouchent sur aucun emploi et ne sont maintenues que pour occuper l'enfant jusqu'à 16 ans, comme le veut la loi, mais l'élève qui se sent en retard sur les autres sait qu'il sera *en retard toute sa vie*. D'où sa rage contre la société – l'école cette fois-ci – et d'où l'apparition de la violence dans le périmètre scolaire comme réponse aux difficultés et discriminations rencontrées par ces élèves...

Ainsi la fonction de l'école est devenue globalement paradoxale :

— d'un côté, elle est le principal lieu d'intégration

offert à toutes catégories sociales, même les plus défavorisées, donc chargée d'établir la même identification française pour tous;

— de l'autre, elle est devenu un grand appareil de sélection et donc d'exclusion de ceux qui, pour une raison ou pour une autre, n'entrent pas dans le schéma du « bon élève ».

Les idées d'égalité républicaine se trouvent, dès le départ, mises en défaut par le fait que les élèves qui arrivent de l'extérieur ne sont déjà pas égaux entre eux, selon la famille dont ils sont issus... L'affaire du « foulard » a démontré à quel point il est difficile de planifier un *modus vivendi* qui soit le même pour tous!

Et toujours, le même cri de guerre de ceux qui se sentent exclus : « Respectez-nous et on vous respectera! », définition inversée de l'autorité, prouvant combien ces enfants sont très souvent issus de familles où l'autorité parentale est bafouée (familles monoparentales et immigrées).

Pour ces enfants, tout débute par la question : qui crie le plus fort ici? Qui a le pouvoir? Il n'est pas si simple pour les enseignants de prouver qu'ils ont l'autorité et la loi de leur côté! C'est pourtant la première des conditions pour que l'élève se tienne tranquille et se mette en situation d'écouter... Les professeurs font plus souvent figure de gendarmes que d'enseignants (surtout dans les zones à éduquer en priorité – ZEP) à leur grand regret, ou à leur grand désespoir.

Dans l'émission de Guillaume Durand *LMI*, en février 1996, Colette Pascal, directrice du collège Robespierre à Goussainville, parlait de 50 perturbateurs sur un effectif de 833 élèves et demandait l'assistance de la police... Un élève, de moins de 12 ans, raconte : « J'ai dit au prof : "Je t'attends à la sortie et je te jette sur les rails du train." »

Toujours la même agressivité des enfants envers les adultes, agressivité qui *ne pouvant s'exprimer dans la famille* se porte ailleurs. Les enfants des écoles primaires sont parfois agités, incapables d'écoute suivie, s'injuriant les uns les autres. Venus d'un milieu où l'on crie et où l'on s'injurie, ils n'ont pas l'habitude du dialogue mais plutôt de l'invective, c'est pourquoi leur première attitude en classe est de menacer le professeur.

Le Moi des enfants est faible, soit parce que l'éducation parentale est défaillante, soit parce que leur identité n'est pas confortée par des parents eux-mêmes peu assurés de leur place et dont le Surmoi hésite entre morale d'origine et morale du pays d'adoption. L'école serait-elle, en plus, chargée d'enseigner la morale aux enfants ?

Il ressortait de la même émission télévisée que tous les éléments perturbateurs de la dizaine de collèges présentés étaient des beurs agressifs envers le système. On remarquait également que ces collèges et lycées étaient passés en ZEP, pour être aidés par les forces de police. C'est dire que ces jeunes sont déjà considérés comme délinquants, agressant aussi bien leurs propres camarades, qu'ils rackettent, que leurs professeurs qu'ils menacent, injurient ou agressent carrément.

La présence de tels éléments au sein des classes est évidemment déterminante dans la mesure où ils apportent avec eux les troubles inquiétants d'une double identification refusée : ils ne veulent plus être des « Arabes », mais on ne veut pas qu'ils soient des Français ! Dans la vie courante, ces enfants se servent tour à tour de leur assimilation aux Français et de leurs revendications en tant que groupe d'origine étrangère.

Malgré la scolarisation uniforme jusqu'à l'entrée en 6e, les enfants d'immigrés se distinguent dès le départ par des difficultés électives de lecture et d'écriture (qui ne sont que rarement prises en charge et en considération, ni par l'école ni dans la famille) compte tenu de l'incapacité familiale à parler un « bon » français et encore moins à l'écrire... Les 20 % d'élèves d'origine étrangère ayant réussi disent avoir été « suivis » par leurs parents le soir, à la maison, ce qui n'est pas la règle pour les enfants d'immigrés.

Le handicap est donc précoce et tient à la famille dont est issu l'enfant. Les résultats sont éloquents : les enfants d'immigrés ont une scolarité ou déficiente, ou très brillante, selon le niveau culturel de leurs parents.

Dans tous les cas, que les élèves soient français de souche ou d'adoption, le corps enseignant est bien conscient d'avoir affaire à des enfants au Moi perturbé (sans identification humaine suffisante et sans conduite logique dans le réel) et pour lesquels ils se sentent démunis. Leur fonction n'est pas le rattrapage du Moi, ils regrettent de ne rencontrer que très rarement des parents qui semblent dans l'ensemble s'être déchargés sur l'école de leur rôle d'éducateur !

Les enseignants se plaignent du manque de coordination entre les parents, l'école et l'enfant, celui-ci se sent « expédié » plutôt qu'« accompagné » dans un parcours auquel tous les adultes s'intéresseraient.

En conclusion, c'est aux parents immigrés et aux parents de familles désunies qu'il faudrait s'adresser pour leur apprendre comment on fait de son enfant quelqu'un qui n'est pas seulement témoin, mais partie prenante et comprenante de ce qui arrive à la famille. Les parents doivent savoir que la première curiosité, la première compréhension, la première logique de l'enfant naissent dans son milieu familial, et que le respect pour ceux qui sont « adultes » naît auprès des parents...

Pour l'instant, dans les banlieues, tous les parents ne sont-ils pas assimilés à de « vieux cons » ? Tout simplement peut-être parce que perdus dans leurs soucis journaliers, leur chômage et leur divorce, ils ont omis de parler à l'enfant de leur chemin personnel ou, dans certains cas, de leur destin national...

CHAPITRE V

J'AI PEUR D'EN MOURIR

Anorexie – Boulimie – Alcoolisme

Les agressions, les viols, les meurtres, tout le monde en entend parler, tout le monde en a peur et les condamne comme s'attaquant à la plus grande liberté de chacun : sa vie. Nous avons appris dans un chapitre précédent que cette violence-là, parfois sauvage et toujours sans pitié ni humanité, provient tout droit du Ça qui, faute d'éducation parentale aimante et parlée, n'est pas passée du côté du Moi raisonnable et humanisé : les meurtriers en série n'ont pas d'Ego pour les retenir... mais que dire de ceux dont le Ça intérieur attaque leur propre Moi ? Que dire de celles et de ceux qui se sentent contraints à « dévorer » tout à coup, sous l'impulsion d'un manque qu'on ne peut même pas appeler faim mais plutôt besoin féroce, des tonnes de nourriture qui vont les transformer en ogres ou en obèses ?

Même questionnement en ce qui concerne les anorexiques qui se sentent tenus de ne pas dépasser un poids sensiblement égal à leur poids d'avant la puberté. Quel est le Ça assez tyrannique pour les obliger à vomir parfois un repas copieux afin de ne pas prendre un gramme? Hélas, ce Ça sans pitié n'est autre que le leur! Puisque nous avons vu que la violence du Ça se lève quand le désir de VIVRE d'une personne se trouve barré, il faut en conclure que cette personne (une femme, la plupart du temps) a eu sa vie et son désir entravés antérieurement à l'émergence du Moi (qui s'achève vers 5 ans), et par quelqu'un qui n'était pas attaquable, sa mère. La pulsion violente du Ça s'est alors retournée sur la personne elle-même, ce que nous avons envisagé comme éventualité au début de ce livre : quand on ne peut pas s'attaquer à l'Autre, on s'en prend à soi-même. L'anorexique, comme la boulimique, paie pour ce que l'Autre leur a fait. Mais l'Autre (la mère) savait-elle, pouvait-elle faire autrement? Elle a agi *inconsciemment* de façon nocive tout en voulant souvent bien faire *consciemment* pour l'enfant.

La boulimie

La boulimique est une personne qui, lorsqu'elle mange – ce qui est, pour tout un chacun, positif et réconfortant –, donne l'impression de vivre non un plaisir, mais une catastrophe; si elle paraît faire un effort démesuré pour « se remplir », c'est qu'elle ne mange pas pour elle, ni pour le plaisir.

L'enfant, comme nous l'avons vu, au stade oral en même temps qu'il boit le lait introjecte sa mère... Qu'est-il arrivé à cette époque à cette femme ou à cette fille qui boit désespérément quantité de lait, ou ingurgite des kilos de chocolat? Est-ce que sa mère n'a pas été bonne à introjecter? L'enfant n'a-t-elle reçu que de la nourriture – et rien d'autre – d'une femme dont le souci était de bien faire et qui voulait que son enfant soit bien nourrie? L'enfant se mettait-elle à pleurer sitôt la dernière goulée? Si oui, c'est que la tétée était insatisfaisante : au bébé qui avait bu la quantité de lait nécessaire manquait son content d'affectivité avec la mère. Plusieurs cas de figure sont possibles :

— la mère n'aime pas beaucoup cet[te] enfant (à cause de son sexe, de sa place dans la fratrie, à cause d'une ressemblance avec quelqu'un de peu aimé), il y a mille raisons, toutes inconscientes, qui font qu'une mère ne donne que du lait, se refusant affectivement à l'enfant, de sorte qu'un vide essentiel s'installe au milieu du nourrisson. Ce vide deviendra, à l'âge adulte, abîme impossible à satisfaire s'il ne l'a pas été au temps de l'oralité introjectante avec la mère (ou le père) ;

— la vie elle-même – séjour en couveuse, maladie, deuil, naissance d'un puîné... – a forcé la mère à se séparer de l'enfant. Ils s'en sortent tous les deux insatisfaits; la mère, la première, se rend compte que la relation est insuffisante; elle veut rattraper, elle veut effacer, elle multiplie les tétées, les fait durer... mais dans l'inquiétude. Et le bébé, qui ne tète presque pas, ne veut pourtant pas quitter le biberon. Il semble qu'il veuille rester « collé » à sa mère. Il semble que, loin d'elle, il se sente vide et qu'il retrouve, dans ses bras, une position fœtale régressive qui, seule, comble son besoin. Il veut être plein de sa mère, ce qu'il ne peut éprouver *qu'avec elle*, il semble que l'image intérieure grâce à laquelle les bébés se structurent dès leurs premières années n'arrive pas à s'établir ;

— la mère ne sait pas parler à l'enfant, car elle n'a pas l'habitude de parler à quelqu'un qui ne lui répond pas ; c'est parfois une intellectuelle qui refuse un dialogue monocorde et qui attend que son bébé soit mûr pour l'échange. Ce peut être également une femme inquiète ou dévalorisée. Pour différentes raisons, elle croit davantage à ce qu'elle donne à ingurgiter à l'enfant qu'à ce qu'elle lui dit...

Par la suite, toutes ces mères seront toujours des mères inquiètes de savoir si leur fille mange bien, si elle a suffisamment d'argent, si elle a un petit ami... Elles se réfèrent sans arrêt à l'Avoir plutôt qu'à l'Être.

Ce qui s'inscrit en retour chez la fille, c'est la question : « qui suis-je ? », question qui ne trouve un semblant de réponse que lorsqu'elle mange, car là elle devient ce que sa mère a prévu : un bébé satisfaisant, qui absorbe bien sa nourriture.

Pour une boulimique, manger est une question angoissante d'*existence*. Le problème, c'est que voulant exister beaucoup car elle se sent, depuis toujours, « inexistante », elle mange trop. Ça la prend par crises brutalement, et c'est impérieux : « Il faut que je mange ! » L'injonction, péremptoire, est ressentie comme étrangère à la personne. Elle a beau essayer de résister, la nécessité devient de plus en plus pressante et la boulimique se déclare « paniquée », comme sur le point de mourir, si elle ne satisfait pas ce désir de « se remplir » dans l'instant...

Elle va manger n'importe quoi, chaud ou froid, pas même attablée, assise sur un tabouret, au coin d'un lit. Elle peut, si elle n'a pas de cuillère, manger avec les doigts ! La première bouchée est salvatrice, toutes les autres inéluctables ! Elle peut aller jusqu'à voler de la nourriture, si elle n'a pas d'argent sur elle.

C'est comme si on lui avait volé sa mère et qu'elle doive, à tout prix, la réintégrer... La nourriture choisie, en général consistante, fait comme un pansement à l'estomac qui est devenu le principal personnage blessé, à calmer, à conforter... Ce drame violent se passe entre quatre murs, en général à l'abri de tous les regards. Car il s'agit d'une sorte d'assassinat du Moi raisonnable par le Ça déchaîné, avec arrière-goût de défaite. D'ailleurs la plupart de ces patientes, lorsqu'elles ont fini leurs quatre œufs durs, leurs six tranches de jambon, une boîte entière de raviolis et une boîte de gâteaux au chocolat éprouvent un tel malaise qu'elles vont rejeter le tout aux W-C en se faisant vomir... Ce qui fait que l'ogre venu du Ça est annulé, et le Moi réapparaît, flanqué du Surmoi qui dit que ça n'aura plus lieu, qu'on ne peut pas devenir grosse et laide quand on est une femme ! La honte de se comporter « comme un animal » se double de la crainte de ne plus être ni belle, ni féminine...

Une femme boulimique est-elle grosse ? Même pas (70 % ont un poids normal), et personne ne se doute qu'il y a une ogresse, un monstre dévoreur, caché au milieu de cette charmante jeune femme, de ce jeune homme dit obèse (l'homme ne se fait jamais vomir). Les femmes qui s'arrondissent le plus sont celles qui grignotent et ne vomissent pas, constituant ainsi un excédent de réserves caloriques.

« Je suis une forteresse vide », me confiait une de ces

patientes sur le divan, alors qu'elle était visiblement charmante, aimée de son mari et de ses enfants. Mais au milieu d'elle, il n'y avait RIEN. Elle venait d'un milieu conformiste, protestant et rigoriste ; sa mère n'avait jamais aimé que son fils, et elle, la fille, s'était sentie à la dérive, seule ou presque, avec une mauvaise mère qui n'avait pas le temps, qui n'écoutait pas, qui ne disait pas, qui n'embrassait pas...

Pour qu'il y ait boulimie, il faut une mère absente moralement, même si elle est physiquement là. L'enfant ressent que sa mère fait son devoir de mère sans l'aimer vraiment. Elle est pourtant parfois si obsessionnellement parfaite que personne ne se douterait du drame de sa petite fille qui vit un affreux conte de fées qu'elle ne peut raconter à personne, parce que personne ne prendrait cette mère modèle pour une sorcière ! Mais quand elle sera grande, elle la tuera !

En fait, ce n'est pas souvent que l'on tue sa mère. Le matricide n'est pas chose courante, puisque l'enfant apprend dès sa deuxième année l'ambivalence affective qui lui rend impossible le meurtre de ses parents... C'est ce qui explique le retournement de la pulsion violente du Ça, dirigée originairement vers la mère, contre la fille elle-même. Le Ça déchaîné devient un ogre qui habite la jeune fille et tue la petite fille sage et triste qui voudrait tellement être comme tout le monde. Pauvre petite fille, poursuivie par une ogresse qui lui fait manger des tonnes de nourriture et qui chaque jour vient vérifier si elle a grossi ! Certaines vies d'adultes ne ressemblent-elles pas à des contes de

Grimm ? Mais l'ogre a une particularité : il habite la personne elle-même.

Si le Ça se montre très présent comme pulsion violente et incontournable, le Surmoi, tout aussi présent, donne à la personne boulimique l'impression de mal faire et de se nourrir « comme un cochon », c'est-à-dire comme un animal, lui faisant éprouver, dans les minutes qui suivent l'absorption de nourriture, l'impression d'être « sale, dégoûtante, monstrueuse », impression qui ne sera annihilée que par la chute dans un sommeil profond ou par la restitution de toutes les « saletés » qui sont à l'intérieur.

Le sentiment de mésestime de soi est alors très proche de celui éprouvé par les dépressifs qui ont une conscience d'eux-mêmes perturbée dans le sens de la dévaluation totale et permanente. Cependant, entre deux crises, la femme boulimique peut se montrer normale et s'appuyer sur les jugements positifs de son entourage : son mari, ses enfants, ses ami(e)s... Seule la parole de sa mère n'est jamais prise en compte, comme si celle-là ne parlait pas « vrai », ne saurait être « vraie », ce qui révèle à quel point la relation primitive avec elle a été vécue comme non valorisante.

Des symptômes dépressifs sont présents chez la plupart des boulimiques, révélant que toutes ces patientes ont à faire avec l'objet primitif et son impossible introjection : le lien à la mère est *négatif* mais on ne peut pas le couper, parce qu'il est toujours indispensable. En l'absence de la mère, aucune image intérieure rassurante n'existe et, comme chez l'alcoolique, la seule réalité narcissisante est d'ordre oral : mettre au-dedans de soi cela qui, imaginairement, remplace la mère. Remplit le ventre sans jamais remplir le cœur.

Comme me le disait une patiente : « Je cherche quelque chose qui n'existe pas. » Ni pour l'alcoolique ni pour la boulimique ce « quelque chose » n'existe, mais la pulsion à être satisfaite reste là, au fond du Ça, et peut, à tout instant, faire basculer le sujet dans la « crise d'addiction » compensatoire du « trou » de départ qui devient, tout à coup, abîme...

Je connais un vieux petit garçon de 40 ans qui, chaque fois qu'il doit partir, au lieu d'être simplement triste, ressent que c'est son estomac qui a mal et le brûle, pour dire qu'il ne peut pas encore assumer une séparation ; pendant les six premières années de sa vie, il a quitté ses parents tous les dimanches soir pour retourner passer la semaine chez une gardienne. En cas de désespoir, maintenant, il ne pleure pas... il ne se plaint pas... il ne mange pas... il boit !

Ce que dit l'enfant habituellement – « plus tard je la tuerai » – il l'a réalisé partiellement en se fâchant définitivement avec elle, se désintéressant totalement de son existence... Mère cruelle ? non, mère trop pressée : à la fois professeur, syndicaliste et maîtresse de maison, comment aurait-elle pu être aussi « nourrice » ? Enfant, il s'était habitué à vivre sans elle, et c'est aujourd'hui l'homme qui a besoin de se remplir alors que c'est son cœur qui est vide. La nourriture ou la boisson ? Lui, il a choisi la boisson – c'est le biberon des adultes ! Dont il est presque aussi difficile de se défaire que de la tétine quand on est un bébé.

Abîme, vide, trou, manque, appelez ça comme vous voulez, il faut vivre avec. En cohabitation avec le Surmoi qui supporte déjà mal l'« orgie », et supporterait plus mal encore la difformité du corps obèse. C'est là ce qui oblige à restituer le repas orgiaque : le Surmoi qui habite la forteresse vide ne veut pas de laideur...

Au fait, que peut le transfert analytique à propos de la forteresse vide ? Voilà ce que ma patiente m'en a dit quelques années après : « Autrefois, il y avait des murs autour de moi, mais moi-même j'étais *vide*. Maintenant il n'y a plus de murs, et je suis libre, je ne me cache plus, je ne suis plus *prisonnière*, je n'y pense plus, je vis comme tout le monde. » Fin du conte de Grimm pour ma patiente. C'était le dernier jour de sa thérapie.

L'anorexie

Si la boulimie c'est l'effort désespéré pour mettre au milieu ce qu'on n'a pas eu – une bonne mère –, l'anorexie se situe aussi dans la relation avec la mère, mais l'anorexique fait, tout au contraire, l'effort de vivre vide, pour être sûre d'avoir éjecté la mère du dedans d'elle-même. Cette mère, elle l'a ressentie comme usurpant sa place, comme prenant trop d'espace. Le fantasme de l'anorexique n'est-il pas : *ne pas prendre de place tout en étant là* ?

« J'ai l'impression de ne pas exister, d'être transparente, je fais toujours passer l'autre avant moi, comme c'était avec ma mère », me dit un jour Françoise. Ma mère, elle m'a volé mon enfance, je n'en ferai jamais assez pour le lui faire payer... ». Elle avait bel et bien trouvé le moyen de se rappeler tous les jours au souvenir de sa mère : elle ne mangeait pratiquement plus, et avait tellement maigri qu'elle aurait inquiété n'importe qui, y compris sa mère! Mère qui n'avait cessé de lui faire de l'ombre et avec qui elle pensait qu'il lui était impossible de prendre ses distances sans disparaître elle-même en tant que femme.

Sa mère était une belle femme, qui s'occupait d'un magasin de vêtements féminins. Eh bien, elle, elle n'aurait pas de corps (à l'inverse de sa mère) mais juste une tête! Et quelle tête : Françoise passait tous ses examens de faculté avec mention et les félicitations de ses professeurs. Elle avait trouvé là une façon de vivre qui ne passait pas par le corps. Elle se croyait détachée de sa mère alors que se livrait toujours au milieu d'elle-même la même lutte de minute en minute, autour de sa maigreur... En vérité, elle ne cessait intérieurement de se conformer à l'image de ce que le désir maternel avait fait d'elle : *une ombre.*

Heureuse d'être différente, certes du modèle, obligée pour cela de conserver un poids de 38 kilos, elle faisait de son corps celui d'une éternelle adolescente... Sans éviter pour autant la culpabilité de son Surmoi.

« Je me sens coupable d'exister par rapport à ELLE, d'être plus diplômée, plus aimée... Personne ne l'aime... elle aurait voulu tout partager avec moi, c'est ce qu'elle voulait, mais depuis l'anorexie, elle ne partage plus rien, je lui ai coupé la route! »

Merveilleusement clair ce que fait Françoise! Mortellement pâle, elle « fait la morte », plutôt que de vivre avec sa mère dévoreuse au milieu d'elle. Ce qu'elles paient toutes les deux très cher. Mais sans cela, comment seraient-elles deux en une?

« Vous vous rendez compte, un jour que j'avais un petit ami de mon âge, elle lui a tellement fait de charme qu'il a couché avec elle... Le même amant pour la mère et la fille, c'est scandaleux, non ? »

Elle ne croit pas si bien dire. Sait-elle que depuis toujours elles partagent le même homme, le père, qui n'aime pas sa femme et aime sa fille ; dans l'anorexie, en effet, le désir du père est toujours caché quelque part... et mère et fille sont installées, dès le début, dans la rivalité. Françoise « se sape » pour aller dîner en ville avec son papa qui, toujours plus fier de sa brillante réussite, lui donne toujours plus d'argent : lui reconnaît sa tête, mais pas son corps ! Peser 38 kilos pour 1,60 mètre, ça ne fait pas riche, quand on est fille de notable... Mais sa maigreur, c'est à sa mère qu'elle l'offre... Sans sa mère, n'aurait-elle pas lâché son symptôme ? Sûrement pas, car il lui sert de rempart également contre le désir du père, qui ne la trouve pas belle telle qu'elle est, ce qui leur garantit une barrière entre eux.

Elle a, comme toutes les anorexiques, cette sorte d'éloignement de la matérialité qui compense le peu de place accordé aux échanges nutritifs, par une hypertrophie de l'intelligence et de la mémoire : elle a les yeux de celle « qui sait » et qui va vous raconter des balivernes, pour peu que vous vous laissiez endormir !

N'a-t-elle pas eu à un moment l'idée de me dire que la balance avait été mise à la poubelle et qu'elle grossissait ? Alors que je la voyais toujours plus maigre et plus pâle et qu'elle avait des éblouissements dus à la cachexie ! Elle avait profité d'injections hormonales et du retour de ses règles pour me mettre « hors de », moi aussi... Mais je n'étais ni sa mère, ni son père !

Il faut dire que la balance est le Surmoi de ces jeunes filles ou femmes anorexiques qui se sentent tellement transparentes qu'elles ne se voient pas comme elles sont, et ne s'admettent squelettiques qu'en voyant que la jupe de l'année dernière est devenue trop large. Il faut une balance de justice entre le Ça qui pousse irrésistiblement à l'anorexie comme protection envers les parents et le Surmoi qui dit que ce n'est pas bien d'être toujours squelettique alors qu'on pourrait faire autrement !

Les anorexiques sont 50 000 en France, dont 10 % de garçons. « Je suis collée à son désir, dit Sylvie, je ne mangerai que quand je serai libre d'elle », ce qui ne risque pas d'advenir étant donné le souci que la mère se fait pour elle ! Sorte de chantage à la mère, perdu d'avance... Moi fragile qui n'existe que dans le rapport avec la mère et guerre terrible du Ça de l'une au Ça de l'autre.

C'est là le point commun entre la boulimique et l'anorexique : elles ont toutes les deux un Moi très fragile, une identification aux contours vagues, qui ne peut se maintenir en vie que grâce à un Ça violent et exigeant qui veut que la mère soit punie ! Les deux sortes de névrose alimentaire se croisent parfois, une anorexique devient boulimique pour plaire à un garçon, mais dès qu'elle a gagné un kilo, elle a peur de retomber dans ce qu'elle craint le plus vis-à-vis de sa famille : être une femme. Elle s'arrête alors de manger, voire achète encore une balance... De même, une boulimique peut traverser une période d'anorexie pour annuler les effets de son hyperphagie, obsédée qu'elle est par l'idée qu'il ne faut pas que ça se voit à l'extérieur. Une anorexique tenant le même raisonnement de l'incognito s'habillera de façon floue pour masquer son manque de formes, qu'elle se plaît à constater comme victoire sur elle-même et sur sa mère qu'il faut priver de plaisir à tout prix... Mais les autres ne doivent pas savoir la lutte infâme et violente qui se passe entre les deux femmes. Ce qui explique que l'anorexique ait un besoin maladif de voir sa mère, chaque rencontre étant une occasion de lui faire constater sadiquement sa maigreur. « Pour moi, il n'y a que ma mère », nous déclare une anorexique d'une maigreur à faire peur, sur M6, (*Zone interdite*, 1996).

Ni morte ni vive, ni enterrement ni mariage, *voilà le chemin étroit où se tient triomphalement l'anorexique*, loin de tout et de tous !

« Entre le peu que me donnait ma mère et le trop de mon père, impossible d'avancer... », me dit une patiente.

Pas d'identification à la mère, pas de corps désirable pour le père, tout en appartenant encore au monde des vivants, seule la sauvagerie de son Ça peut exiger cela d'un être qui n'a presque plus rien d'humain et dont l'objectivité a fui au bénéfice d'une longue et silencieuse guerre d'usure avec une femme qui pousse cet être, sans le savoir, à sa perte, à sa propre déchéance, voire à sa mort dans laquelle la fille emmène le cœur de celle qui voulait tout vivre avec elle !

Si l'on veut que cette guerre cesse, il faut isoler les combattantes et mettre la fille en clinique, loin de sa mère, tous les médecins le savent.

« Quand le Ça se déchaîne »

Boulimiques ou anorexiques, ces jeunes femmes ne mangent plus pour elles-mêmes depuis longtemps, mais pour ou contre quelqu'un : celle dont elles n'ont pas pu faire le deuil.

Une mère insuffisante (parce qu'elle aime trop ou n'aime pas assez l'enfant) engendre un vide définitif à l'intérieur du bébé. Il en est de même pour toute personne s'occupant de l'enfant très jeune : si on ne peut pas l'intégrer, on ne peut pas s'en séparer ! Si l'image de la mère est mauvaise ou incomplète, l'enfant ne peut pas intérieurement se décoller de cette mère. À partir de l'adolescence – c'est là que se constituent en général ces symptômes –, la mère sentant, trop tard, que son enfant a besoin d'elle se culpabilise et en fait trop ou pas assez.

Christine, boulimique, se plaint des coups de téléphone journaliers de sa mère et ne sait comment se garder de son « regard » inquisiteur, alors qu'elle vit à 300 kilomètres de ses parents ! La mère de Christine espère sans doute donner à sa fille en lui téléphonant, la « preuve » de son amour, mais la situation est devenue « chantage » des deux côtés et la relation tordue, perverse, puisque la fille ne demande qu'une chose à sa mère : « Ne t'occupe plus de mon corps. » La mère, à l'inverse, ne s'intéresse qu'à une seule chose : « Comment va le corps de ma fille ? » À partir de là, tout est vicié entre les deux partenaires. La nourriture, principal vecteur entre la mère et la fille, est éludée des deux côtés, et n'est donc jamais plus jouissance ni pour l'une ni pour l'autre... Conclusion : ni l'anorexique, ni la boulimique ne mangent pour le plaisir, l'une se prive par obligation intérieure à être « inexistante », l'autre se suralimente sur injonction inconsciente à se nourrir pour « remplacer la mère absente » au milieu d'elle. À observer ce phénomène souvent rencontré d'une mère ou trop indifférente (pour la boulimique) ou trop dévorante (pour l'anorexique), on se rend compte que l'enfant, qui ne peut pas l'introjecter, met à sa place de la nourriture, devenue symbole névrotique. Il semble que l'explication entre mère et enfant soit toujours à venir, mais ce n'est jamais le moment, la vie passe, et les deux femmes ne se conviennent pas : la fille souffre que la mère ne lui explique pas ce qui se passe de son point de vue de mère et la mère souffre de la réponse agressive que lui fait sa fille. Mais y a-t-il un langage possible dans l'affrontement de deux Ça primitifs, dont toutes les demandes passent par le corps ? En effet la mère, qui manquait de confiance en elle, a rempli rigoureusement son rôle : elle a nourri, vêtu, bercé son enfant, mais elle ne lui a pas parlé. Elle n'a donc pas favorisé la transformation de la pulsion du Ça en satisfaction du Moi et l'enfant est resté(e) « affamé(e) ».

On peut dire que si l'anorexique agressive cherche à punir sa mère et se montre terrible dans ses jugements et cruelle dans ses conclusions, la boulimique, qui a renoncé à toute aide et toute compréhension de la part de la sienne, cherche une satisfaction qui ne passerait pas par elle. Leur Ça, ce fameux Ça pulsionnel, est leur seul compagnon sur leur chemin atypique et solitaire, et nous savons à quel point il peut être cruel et violent. Et c'est lui qui, pour que la vie se maintienne, envoie des injonctions souveraines et incontournables : « il faut que je mange énormément de choses qui me remplissent » ou « il ne faut pas que je mange, ce qui me remplirait ».

Tout se passe comme si quelque chose de grave risquait d'arriver à celle qui ne suivrait pas l'injonction. Elle le fait donc dans une sorte de hâte fébrile, d'affolement et de honte d'être soumise à un maître aussi terrible pour ce qui est de la nourriture, alors que les autres humains en retirent plaisir et satisfaction... La boulimique mange en général seule, comme si elle commettait une faute : se nourrir n'est pas pour elle un acte social, car ce qu'elle mange, ce n'est pas de la nourriture alléchante, c'est « de la mère ». Elle est restée cannibale, à la manière dont Abraham nous avait décrit l'enfant dans son rapport premier à la nourriture (voir chap. 1).

Tandis que l'anorexique, que ce soit au restaurant ou dans sa famille, laisse au bord de son assiette tout ce qu'il ne lui faut pas manger. Et, dès la dernière bouchée, s'éclipse discrètement aux toilettes.

Les boulimiques, dans 50 % des cas, sont aussi des vomisseuses. La peur de grossir, donc de révéler à tous le « vice caché », est l'obsession principale de ces malades qui suivent régulièrement des régimes amincissants, dans l'idée de récupérer une image de corps normale, car elles ont une image d'elles-mêmes dévalorisée et peu appréciable par les autres. Et ce n'est qu'en faisant un régime strict qu'elles soumettent au jeûne l'affreux Ça qui réclame toujours aussi fort « d'être nourri », et c'est dans la panique que s'achève un régime qui n'a fait que renforcer le « trou » à la mère, donc à la satiété, tant refusée dans un régime amaigrissant.

Adeptes du « régime yoyo », ces personnes prennent et perdent alternativement 10 à 20 kilos, avec des surrénales qui s'affolent et des cellules adipeuses qui « se jettent » sur la moindre calorie. L'assimilation devient franchement perturbée et c'est ainsi que certaines vous disent : « Moi, il suffit que je passe devant une pâtisserie pour que l'eau me vienne à la bouche et que je gagne un kilo. »

S'il semble que ce symptôme prenne de l'ampleur chez les jeunes femmes, il faut dire, à leur décharge, que les familles étant de plus en plus disjointes par le travail des uns et des autres, les repas en famille se font rares et qu'il s'agit plus souvent pour chacun de se nourrir plutôt que d'avoir un échange affectif nourrissant pour le cœur ; or « ce qui est important est invisible pour les yeux », comme l'écrivit un jour Saint-Exupéry parlant de l'amour... Il arrive souvent qu'on mange seul ou à la cantine, sans rien trouver d'affectif au fond de son assiette !

Depuis que le nouveau rôle social des femmes en fait des individus responsables aux côtés des hommes dans le monde du travail, les enfants, au lieu de retrouver une maman aimante et un papa qui les embrasse au retour de l'école, ne trouvent que des placards pleins et un frigidaire accueillant, ce qui favorise le passage à l'acte de ceux et celles qui trimbalent un plus ou moins grand trou affectif depuis le début de la journée... Les parents manquent cruellement à leur progéniture à 17 heures. Il conviendrait de libérer les parents plus tôt, car on ne peut pas laisser se creuser le « trou » affectif dans l'âme de certains de nos enfants.

De même la femme boulimique, à la sortie du travail, qui rentre seule dans un appartement vide, ne voit que le frigidaire pour lui dispenser quelque chose de bon, de rassurant et de maternel. Elle tâche d'être sa propre mère !

Quant à l'anorexique, il est indéniable que pour elle l'image la plus attractive, fémininement parlant, est celle d'une cover-girl pratiquement anorexique. Beaucoup de jeunes filles se lancent à l'adolescence dans une course à l'idéal féminin sur papier glacé qui les laissera belles, peut-être, mais froides aux yeux des hommes qui voudraient les aimer. Après tout, est-ce que ça les dérange ? N'aiment-elles pas que leur père, et ne doivent-elles pas se défendre, inconsciemment, de tout désir venant de lui ou d'un autre homme ?

La dépendance alcoolique

C'est le propre des humains, lorsqu'un stade psychique n'est pas passé de façon satisfaisante, d'y rester fixé régressivement avec l'entêtement d'un Ça qui continue à pleurer ou à cogner pour appeler l'Autre comme s'il était toujours un nouveau-né au fond du berceau. C'est ce qui arrive à celui qui, frappé de dipsomanie, doit boire tous les soirs pour remplir le trou qu'il sent, depuis le début de sa vie, au milieu de lui, et ce depuis le tout début de la journée! Chaque soir va être le bon, il lui semble qu'il va combler le trou et que demain il ne recommencera pas, il sait que ce ne sera pas nécessaire... Pourquoi dit-on « serment d'ivrogne »? Parce que l'alcoolique lui-même croit qu'il peut en finir avec son « vide »... jusqu'à 5 heures du soir. Si ce soir il a succombé, demain il pourra résister...

Le Ça que nous trouvons cruel, exigeant, inflexible dans ses symptômes n'aide-t-il pas d'une certaine façon ceux ou celles qui sont dépressifs? Car quand on vit avec un trou au milieu de soi à la place du plein qu'on a connu pendant neuf mois dans le ventre de la mère, on ne peut que regretter l'« autrefois » dont on n'a ni image ni souvenir, mais un sentiment d'objet perdu.

C'est le fond commun à tous les dépressifs : ils ne se remettent pas d'avoir perdu la mère « primitive » et si certains boivent ou mangent énormément, c'est pour éviter de mourir : ils ont au moins un symptôme qui les attire invinciblement et les maintient en vie jour après jour...

Le « tout ou rien » domine alternativement la vie des dépressifs qui, lorsqu'ils se croient aimés, nagent dans l'abondance et retournent, peu à peu, immanquablement, à leur lien insuffisant à la mère, se mettant envers et contre tout à nier l'amour de celui ou celle qui les aime. Ils deviennent inéluctablement de tristes partenaires, noyés dans le découragement ou la boisson (qui est censée remplacer l'amour) et il devient pénible de vivre avec eux ou de jouir de quoi que ce soit avec des êtres que rien d'autre n'intéresse que l'oralité.

L'alcoolique fait partie de ces dépressifs que le Ça pousse impérativement à se remplir dès que le soir approche et que la solitude intérieure se fait sentir.

Au lieu de se rapprocher de quelque ami ou de leur famille, ils s'isolent et se cachent pour boire cet autre lait qui va leur redonner, pour un instant, l'illusion d'être pleins, avant que de sombrer dans un sommeil épais et sans rêve. Même réflexe que le boulimique et parfois l'anorexique, l'alcoolique cache son symptôme, l'inéluctable faiblesse à laquelle il est soumis, car son Surmoi lui reproche d'être semblable à l'animal dans sa « voracité »...

Tous les humains esclaves de leur Ça ont, à l'autre bout de la chaîne psychique, un Surmoi qui les blâme de se comporter comme des enfants ou comme des animaux.

Mais leur enlever leur symptôme, c'est les rendre à un Moi faible et à un Surmoi qui est loin d'être assez solide pour faire face à la vie avec les autres. Et ils ne résisteraient pas au sentiment de dévalorisation et d'inutilité si les thérapeutes ne veillaient, en même temps qu'ils les « désintoxiquent », à leur procurer un travail de réadaptation qui les maintient dans la société humaine active.

Il est majeur de comprendre que *tous les blessés de l'oralité trouvent dans la traversée du symptôme une « satisfaction »*, temporaire mais bien connue, qui leur rappelle celle du temps où ils étaient fœtus, comblés et rassasiés de plénitude. C'est pourquoi ils ne peuvent pas vraiment guérir de leur symptôme, mais simplement y *renoncer* consciemment pour une vie sociale enfin normale. Nous voyons beaucoup de gens qui, sans tomber dans l'extrême de la boisson, de la boulimie ou de la toxicomanie grave, se contentent d'un apport ponctuel ou renouvelé de nicotine pour les fumeurs, de haschisch pour ceux qui chaque soir attendent leur petite fumette revigorante ou d'un verre de whisky bien mérité auprès de la femme aimée...

Malgré le nombre de campagnes contre ces dépendances dites « dangereuses » pour la santé, il apparaît bien que le nombre de pharmaco-dépendants ne varie guère, tellement il paraît préférable de vivre confortablement un nombre abrégé d'années que de vivre « insatisfait » une vie qui n'en finit pas !

Et parfois l'on se pose la question de savoir s'il n'est pas plus cruel de la part des autorités médicales de priver les éclopés de l'oralité de leur petit support journalier au lieu de les assister régulièrement dans des crises dépressives. Par leur répétition, celles-ci risquent de les mener au suicide, autour de la cinquantaine, sous le coup du Ça qui, à défaut de tuer celle qui manque toujours au fond de lui : la mère, finit par se tuer lui-même dans la logique bien connue du retournement de la pulsion sur soi.

Actuellement, on nous parle sans cesse de réguler et minimiser l'apport des anxiolytiques, comme si c'était aller dans le sens du bonheur des individus que de les faire vivre entre un Moi faible avec peu de désirs et un Surmoi culpabilisant qui les fait se dévaloriser et s'isoler, alors que la prise d'un petit quelque chose d'oral les remet rapidement en forme. Une psychothérapie de soutien peut les aider également à dominer ce manque de toujours.

Quelle éthique peut trancher de cette décision arbitraire entre médicament de confort et dépression ou toxicomanie grave ? Il faudrait un grand congrès pour réunir ces millions d'êtres à qui il manque quelque chose et les médecins qui ont peur de distribuer la mort et qui veulent faire croire à leurs patients que les médicaments ne les aident pas. Il faut arriver à considérer ce qu'il est plus humain et plus souhaitable d'instituer, car nous sommes tous concernés – combien d'entre nous peuvent se flatter d'avoir eu une bonne mère ou simplement une mère suffisante ?

Peut-on terminer ce chapitre sur les symptômes qui nous *maintiennent en vie* sans parler de manifestations d'ordre psychosomatique ? La plupart des maladies du système ou de la peau n'ont pas d'autre agent spécifique de prolifération que le Ça qui ne trouve pas d'autre moyen de signaler le fait qu'il y a un barrage sur la route du désir de VIVRE de l'individu (ce qui est très fréquent en ces temps de difficultés de tout ordre, d'emploi notamment...) :

— on peut faire un psoriasis parce qu'on a un patron autoritaire ;

— on peut avoir de l'eczéma parce qu'on est allergique à son beau-frère ;

— on peut perdre ses cheveux à l'occasion d'un mariage contrariant ou d'une mort bouleversante ;

— on peut avoir une colopathie à la suite d'une constipation opiniâtre qui servait de refus vis-à-vis de la mère ;

— on peut avoir des migraines chaque fois qu'on

passe le week-end dans sa belle-famille et, en particulier, le vendredi soir quand on y pense ;

— on peut être enrhumé ou avoir une angine à la veille d'un voyage avec quelqu'un qu'on apprécie modérément ;

— on peut avoir une extinction de voix alors qu'on a décidé d'aller avec la chorale à Strasbourg ;

— et enfin, on peut avoir un cancer pour toutes les raisons affectives qui, dans une conjoncture inévitable, nous empêchent de VIVRE !

Le Ça dispose de bien des déguisements pour signaler que quelque chose ne va pas dans le sens du désir et de la vie de l'individu... Le Ça est d'autant plus véhément que le Moi est faible et ne peut prendre le dessus sur les événements. Et le Moi est faible quand les parents ont oublié de parler et de vivre avec leurs enfants, en leur expliquant le sens des choses.

Plus on dit « Je », moins on dit « il faut ». C'est là l'équation que j'essaie d'établir ici entre les différentes instances psychiques de l'homme.

Chapitre VI

L'INCESTE

C'était un après-midi d'été chaud, presque étouffant, et dans mon bureau d'analyste je passais de la plainte de l'un au silence de l'autre... Tout à coup me parviennent, du trou d'ombre où elle est allongée, des mots émergeant d'un discours, « blanc » comme à l'habitude, mais ces mots pour une fois ont une couleur : celle du désespoir ; il est question de « disparition », d'« effacement »... Je prends mon crayon et me mets à écrire aussi vite que sa petite voix blanche va... jusqu'à ce rivage immense, inconnu d'elle, où elle souhaite être engloutie par la vague à tout jamais.

« J'ai failli encore une fois faire ce dont j'ai toujours rêvé, m'arrêter d'aller à mon travail, sans explication, sans justification, puis brûler toutes mes affaires, tous mes papiers, même ma carte d'identité et mes chéquiers, ne garder avec moi que mon argent liquide et une petite valise avec quelques affaires de toilette. Partir par le train, "passer la frontière", et aller jusqu'au bout de la ligne, jusqu'au bout de la ville, jusqu'au bout du chemin, jusqu'au bout du chemin devant la mer... Ce serait peut-être en Espagne, sur une côte plate sans fin ni commencement, et là me déshabiller lentement et me jeter à l'eau, nager jusqu'à épuisement puis me laisser couler, perdue, disparue aux yeux de personne ni pour personne : n'avoir jamais existé, ne laisser aucune trace, aucune preuve, aucun écrit. Que je ne sois jamais née pour personne et que ma vie finisse là sans explication, sans identité, sans retour possible, sans nom, sans famille : ce serait enfin FINI... »

Il y a là toute son histoire de petite fille brisée par son père dès l'enfance, tout son âge adulte qui n'arrive pas à éclore : les fantasmes de mort destinés au père coupable, à la mère silencieuse, se sont retournés contre elle-même, lui faisant payer le dur prix du silence et de la culpabilité... Elle ne pouvait plus vivre, étant déjà morte, ne pouvait plus indéfiniment porter la faute d'un autre ni continuer sa route sans parler, sans aimer, sans même pleurer, indifférente à la vie et à tous ceux qui vivent.

La statue de sel rigide qu'elle était depuis longtemps demandait à retourner à son origine : l'eau dont nous sommes tous issus, la grande « Mer », mère accueillante, berçante, rassurante, celle qu'elle n'a pas vue au sortir de la cave sombre où se tenait le père... le jour où, dès les premières marches de l'escalier, portant la bougie que sa mère venait de lui demander de descendre à « papa », elle avait senti que son papa voulait autre chose... C'est là qu'elle était morte... Morte à sa vie de petite fille qui ne serait plus jamais comme les autres.

Des années de silence pour retourner là où non seulement s'était arrêtée sa vie de petite fille, mais où elle avait en même temps perdu l'image d'une mère protectrice et la croyance à un père qui marche devant, car ce père-là, qui mélangeait son passé à son présent, ne pouvait qu'égarer ses propres enfants... Ce qui est frappant dans ce rêve, c'est la destruction de toute trace d'identité, comme si son nom était définitivement sali, rayé, condamné, et qu'elle veuille retourner au temps où, dans le ventre de sa mère, elle n'avait pas reçu de patronyme.

Nous savons que tous les enfants victimes d'abus sexuels s'incriminent eux-mêmes longtemps – voire toujours – avant d'incriminer l'Autre, auteur de leurs jours, moteur de leur existence, car ils sont conscients d'aimer quand même ce parent-là... Comment un enfant pourrait-il envisager qu'un adulte en qui il a confiance en vienne à vouloir faire des choses secrètes, peut-être interdites, avec lui ? N'y a-t-il pas une loi des grandes personnes qui parle de ces choses ? Qui la connaît ? Pourquoi papa semble-t-il n'en rien savoir tout à coup ?

Les parents n'ont, la plupart du temps, parlé de sexe que pour le cacher, l'interdire, le condamner : « Veux-tu t'arrêter, petite vicieuse ! Regarde-moi ça, toujours à se tripoter ! » Et tout d'un coup, voilà que cet endroit intéresse papa qui a l'air de beaucoup vouloir quelque chose d'elle et tout de suite. Quelque chose pour lui ? Quelque chose pour elle ? Comment savoir quand on n'a que 4 ans ?

À partir de l'inceste familial ou parental, l'univers de l'enfant bascule brutalement, les générations s'estompent, et devant l'enfant affolé s'étend un monde sans limite pour les corps, sans recours pour les cœurs, sans lieu pour les mots...

L'inceste est une violence faite à un être innocent, qui n'a ni l'idée, ni les moyens, ni les mots pour s'en défendre.

Comment des parents en arrivent-ils là ? N'aiment-ils donc pas leurs enfants ? Ou les aiment-ils trop, jusqu'à oublier la frontière des générations ? (Passer la frontière d'Espagne pour rétablir la Loi, avant de mourir.)

L'inceste familial ou le mariage de l'ombre

L'inceste a toujours existé et sa pratique, souvent réservée à une élite dans l'Antiquité, nous en a fait mesurer le prix et la rareté propre à assurer la pureté de lignage de toute une descendance. On le trouve à l'origine de la création mythique des peuples – Aztèques, Égyptiens, Grecs... Dans ces civilisations, la race, souhaitée parfaite, procède d'un croisement de même sang : on abolit à cette fin toute altérité et on établit un seul principe fondateur, une seule origine pour les deux sexes. Cette origine voulue pure et idéale s'avère très vite insatisfaisante : les enfants du frère et de la sœur ou de la mère et du fils ne tardent pas à guerroyer et s'entre-tuer au nom de l'inégalité... Il apparaît alors que même la symbiose incestueuse n'est qu'un mythe, un rêve dangereux, comme elle l'est pour le père et l'enfant car elle n'engendre que ressentiment, rancune et vengeance qui sont le prix à payer pour ceux qui ont voulu mêler les générations et les identités, obligeant chacun à un mensonge qui tue la vérité, l'espoir, la vie même.

Peut-on imaginer plus parfaite ou pire symbiose humaine que l'inceste? Symbiose pour l'adulte... Scandale pour l'enfant qui émerge à peine de sa première symbiose physique et psychique d'avec les parents et accède à l'altérité.

• Pauline, 3 ans 1/2, raconte comment allant chez son père (couple séparé) celui-ci dormait avec elle, se déshabillait et la déshabillait « On était tout nus. Il ne me faisait voir sa totine et il voulait que je la touche », mais l'enfant refuse parce qu'elle trouve que ça sent mauvais, son père la force alors et elle parle de sang sur les draps[1]...

Les incestes parentaux, qui font fi de la place et de la génération de chacun, sont les plus traumatisants pour l'enfant, car ils bloquent le phénomène d'*individualisation* et d'*identification* qui était en train de se constituer. Ces enfants-là non seulement s'arrêtent de vivre à la façon des enfants, mais ne pourront jamais vivre comme des adultes. Y a-t-il plus cruelle violence à imposer à un être naïf et confiant?

• Lionel : « Mes parents m'ont mis au monde, puis m'ont repris. J'étais leur objet à eux. Ma mère, elle, n'était jamais là! Tu as baisé ta descendance et ta descendance ne peut pas devenir un homme[2]. » Terrible constatation de la part d'un homme adulte qui se sent incapable d'oublier les outrages dont il a été l'objet.

Les jeux sexuels entre frère(s) et sœur(s) restent

1. *Le Droit de savoir*, TF1, 1996.
2. *Bas les masques*, France 2, 1995.

toujours à un niveau moins traumatisant bien que culpabilisant, puisque ces enfants sont de la même génération et ont l'habitude de partager les mêmes privilèges et parfois le même lit.

La totalité des incestes familiaux a lieu dans une famille d'origine ou reconstituée et on ne peut incriminer ici la situation de monoparentalité.

L'inceste, quant à sa fréquence, relève bien sûr de la problématique du couple qui est à l'origine de la famille, mais on le voit surtout dans des conditions familiales particulières, telles que l'habitat exigu, l'alcoolisme du père ou l'isolement de la famille dans le quartier.

Une étude portant sur 90 dossiers[1] d'AEMO (l'Association de l'éducation en milieu ouvert) démontre qu'au moment de l'abus, 68 % des enfants victimes ne disposent pas de chambre individuelle et que, dans le cas de partage de chambre, il se fait la plupart du temps avec des frères et sœurs, mais que dans 30 % des cas les enfants ont leur lit dans la chambre d'adultes : parents, oncles, grands-parents, concubins.

De plus, très souvent, la victime n'a pas de lit personnel. Or la promiscuité établie ne paraît pas toujours dépendre de l'exiguïté du logement, mais plutôt d'une mauvaise répartition de l'espace, due au choix parental. La question se pose alors d'une promiscuité induite par les parents et non par les circonstances. En général, toute intimité est proscrite pour tout le monde dans ces familles où règne une confusion per-

1. A. Crivillé, *L'Inceste*, Dunod, 1994.

manente entre les identités et les générations – l'oncle pouvant se retrouver à coucher dans la chambre de ses nièces et neveux, par exemple.

Comme il est loin le « Toi ou Moi » de l'âge anal qui préside à l'assomption de l'Ego ! Ici c'est un monde particulier où il est impossible d'être soi-même et où chacun est aussi un peu les autres ; c'est pourquoi, l'identité personnelle de chacun étant d'ores et déjà fragilisée, plusieurs enfants de la même famille peuvent être abusés sans qu'aucun ne rompe le secret de l'autre...

Le père, souvent alcoolique, ayant franchi les limites du Surmoi, ne se contrôle plus et fait des gestes ou dit des mots déplacés aux yeux et oreilles des enfants, même s'il ne s'adresse pas à eux mais à la mère, prise comme objet ou otage sexuel dans le discours du père. Les enfants, qui ont l'habitude d'avoir un père qui règne sur des objets au lieu de communiquer avec des « sujets », sont, somme toute, déjà prêts pour l'inversion de place.

L'inceste fait hélas ! partie des violences qui ont toujours sévi dans les familles et leur nombre actuel ne tient qu'à leur repérage, rendu plus facile par le fait que l'évolution de notre société a permis dans un premier temps aux femmes de se plaindre des brutalités et violences sexuelles dont elles étaient l'objet, puis aux enfants d'avoir le droit de parler... Choses qui n'étaient pas évidentes il y a seulement vingt ans !

Des lois sont venues corroborer ce nouvel état d'esprit envers les violences masculines de toutes sortes à l'intérieur des familles et la création d'un numéro vert (loi du 10 juillet 1989) permet à certains enfants victimes de pouvoir signaler leur détresse (700 appels reçus par jour aujourd'hui). Cependant il faut garder à l'esprit que la plupart des enfants n'ont connaissance ni des lois qui les protègent, ni du droit qu'ils ont de dénoncer leur abuseur, et que beaucoup d'entre eux restent dans l'angoisse de ne pouvoir dire à personne ce qui leur arrive avec leur père, leur grand-père, leur oncle...

On estime que moins de 40 % des abus sexuels incestueux sont révélés – il est bien difficile, cela va sans dire, de mesurer la justesse de toute statistique dans ce domaine. Les émissions de télévision sur le sujet apparaissent comme des fenêtres qui s'ouvrent sur la liberté de dénoncer un esclavage honteux pratiqué à l'intérieur de la famille et qui devient tout à coup imputable à l'adulte. Il est enfin permis à l'enfant de quitter sa position de victime et de cesser de se voir comme coupable de ce qu'il n'a pas provoqué. (Il y eut un afflux d'appels téléphoniques d'enfants en détresse au comité féministe contre le viol après l'émission « Bas les masques » du 27 avril 1995 et il en alla de même après l'émission de Jean-Marie Cavada « La marche du siècle » de septembre 1993.)

Le silence peut être brisé du côté de l'enfant dans la mesure où les médias qui abordent le sujet *condamnent publiquement* les hommes qui « touchent » le sexe des enfants. Même si ces émissions sont généralement diffusées dans la soirée, les enfants étant couchés ou en étant exclus, elles laissent parfois une trace indirecte sur la table de la cuisine ou du salon, à travers un programme de télé sur lequel l'enfant jette un œil. Il voit tout à coup que ce qu'il prenait pour le « secret » de sa famille va être débattu devant la France entière.

Il suffit de quelques mots pour mettre en alerte un enfant qui se pose depuis des années la question de la norme sexuelle de sa famille et pour qu'il se sente autorisé à signaler l'anomalie qu'il est contraint de supporter...

Il est impossible à un enfant d'accéder à quelque jugement que ce soit, si ce n'est par l'intermédiaire de l'adulte qui énonce, reconnaît la Loi et en stigmatise les détournements. Or la première caractéristique de l'inceste est de se passer dans des familles hors la loi, repliées sur elles-mêmes, où on ne parle pas de sexe, et où l'enfant est initié à des sensations dont il ne sait pas si elles sont normales.

Beaucoup de parents croient à tort que « ce qu'on ne comprend pas » étant petit s'oubliera... Nous savons aujourd'hui que ce principe, qui date d'avant la révolution freudienne, est sans fondement. Au contraire, « rien ne s'oublie » et toute chose problématique, violente, rejetée consciemment, va s'empiler dans la chambre noire du refoulement, attendant là un temps et des lieux plus propices à une réapparition...

Vengeance, réparation, régression

C'est par ce retour du refoulé qu'un homme, qui croit en avoir fini avec son enfance (restée malheureusement réprimée dans son inconscient), peut, par le fait d'une petite main sur son bras, d'une robe qui virevolte ou d'un sourire enfantin désarmant, tout à coup changer de registre, quitter sa place de parent et se retrouver lui-même enfant en quête d'amour infantile.

Tout le film lui revient à la fois : toutes les images frustrantes de son enfance font brusquement irruption, réclamant vengeance et réparation... Car c'est de *réparation* que l'adulte, agresseur de l'enfant, a le plus souvent besoin. Il tente, *via* le corps et l'intimité du sexe, de nouer un lien qu'il veut plus fort que la paternité : le père incestueux désire créer un *lien symbiotique* total avec son enfant, un lien d'amour passant par le corps qu'il n'a trouvé ni avec sa femme, ni avec ses parents maltraitants, peu aimants ou abuseurs d'enfants.

Ce père qui se tourne vers son enfant veut revenir en arrière pour être à nouveau un enfant lui-même, celui qu'il n'a pas été; il confond les places de l'un et de l'autre et c'est ainsi que son enfant va perdre sa place d'enfant dans la famille.

Le père abuseur est pervers car il veut avoir l'enfant pour lui tout seul, s'en assurer *la possession*, ce qui est contraire à la logique de l'enfant qui sort à peine de la symbiose primitive d'avec sa mère et ne fera pas partie de la symbiose imposée par son père. S'il violente l'âme de son enfant et s'il en obtient le corps, il n'en aura plus jamais ni l'amour, ni la confiance...

Faisant fi de son âge et de celui de l'enfant (il oublie que ce n'est qu'un enfant) et négligeant l'inadaptation des sexes et l'essence différente des désirs infantiles et adultes, sautant toutes les barrières, à commencer par celle des générations, pour créer un lien total et indestructible, l'abuseur marque d'un tatouage ineffaçable l'âme et le corps de l'enfant et ouvre en celui-ci l'immense *blessure narcissique* dont il est lui-même porteur.

« Je t'aime tant, dit le père, j'aime te caresser, te faire des choses agréables, moi ton père... Embrasse-moi partout, que mon corps n'ait pas de secret pour toi... Je veux tout te faire connaître, tout te donner, j'irai aussi loin que j'ai besoin avec toi pour ne plus être cet enfant seul et sauvage que j'ai été jusque-là... Je t'en supplie, comprends-moi. » Ce faisant, il brise là le « Toi et Moi » parent-enfant, pour ne faire qu'un Moi unique et symbiotique; on peut dire cette violence plus grave que les autres car non seulement elle *blesse*, mais elle trouble l'*identité* en cours.

L'inceste vient obturer la blessure infantile du père ou de la mère et ouvre le chemin de l'angoisse et de la blessure pour l'enfant... Ce n'est pas n'importe quel père qui recherche cet-amour là, c'est un homme qui a eu une enfance traumatique, où il s'est senti négligé, délaissé, pris comme objet, traité comme un esclave ou même utilisé ou violenté et qui en a conçu l'idée que, *petit*, on est dominé par l'adulte sadique mais que, *grand*, le rapport s'inverse : on domine les faibles et les petits.

Cet être-là a introjecté puis refoulé la violence qu'on lui faisait, laquelle réapparaît aujourd'hui avec son propre enfant qu'il force à entretenir un lien pervers avec lui coûte que coûte... L'injustice crie réparation au milieu de lui-même.

A. Crivillé[1] nous donne des chiffres statistiques propres à nous faire réfléchir sur les causes favori-

1. *L'Inceste, op. cit.*

santes de l'inceste : 10 % des hommes incestueux et 14 % des femmes ont été victimes de mauvais traitements ou d'abus sexuels ; 49 % des hommes et 64 % des femmes ont été abandonnés ou ont subi des ruptures familiales avant l'âge de 6 ans.

Tous les hommes qui acceptent de parler d'eux-mêmes et de leurs propres tendances incestueuses évoquent toujours en premier la dureté de leurs parents et le manque de dialogue avec eux dans l'enfance, voire le mépris ou les mauvais traitements[1].

« Aussi loin que je remonte dans mon enfance, je constate que jamais personne n'a eu le temps de m'écouter et je me souviens d'avoir été rudoyé et ridiculisé dans ma famille, surtout par mon père » (Alphonse, *J'ai commis l'inceste*, p. 19).

« Dernier enfant de la famille, j'ai dû assumer dès mon plus jeune âge de lourdes responsabilités à l'égard de parents devenus incapables de subvenir à nos besoins. On a fait de moi un adulte alors que je n'étais encore qu'un adolescent » (Gilles, *ibid.*, p. 49).

« J'ai vu le jour dans une famille où la pauvreté et la peur étaient omniprésentes. Mon père était un homme froid, indépendant, colérique, jaloux, peut enclin au dialogue... » (Jean-Bernard, *ibid.*, p. 61).

« J'ai subi un gros traumatisme affectif, n'étant pas aimé en tant que huitième enfant de la famille, aujourd'hui j'ai toujours peur de manquer d'affection, peur de ne pas être important aux yeux de ceux qui comptent, peur qu'on m'oublie, peur qu'on me mette de côté, peur qu'on se débarrasse de moi comme au

1. *J'ai commis l'inceste*, Éditions de l'Homme, 1995.

moment de ma naissance... Au cours de mon enfance, je ne me sentais pas aimé, surtout par mon père » (Paul Eugène, *ibid.*, p. 111).

L'inceste, comme nous le voyons par ces confidences douloureuses, figure comme remplaçant d'un amour paternel le plus souvent absent ou comme réparateur d'une séparation d'avec l'un des parents. Garder l'enfant pour soi, se l'attacher même par la terreur est parfois une tentative de *prévenir toute séparation à venir*... Créer cette continuité peut être vu comme indispensable pour le parent, mais est à coup sûr catastrophique pour l'enfant qui devient prisonnier sexuel du père.

Ce dernier a peut-être des raisons personnelles d'agir ainsi, mais il doit savoir à quoi il condamne l'enfant qu'il semble avoir fait sans avoir jamais envisagé de le voir devenir une personne libre, indépendante et heureuse.

C'est faute de connaître les dégâts consécutifs à leurs actes d'adultes que certains hommes peuvent s'imaginer ne *pas faire de mal* tout en se faisant du *bien*.

« "Tu n'as pas l'habitude des câlins, hein? Enfin, c'est ma faute, je n'avais qu'à être là, je n'ai plus qu'à me racheter." [...] Moi je voyais le prince qui devient ogre la nuit[1]. »

Le père souhaite que ce qu'il fait aujourd'hui soit de l'amour (lui qui en a manqué), mais le problème c'est que personne ne parle ni n'apprécie cette sorte d'amour... « Alors, ce sera notre secret à tous les

1. Christiane Rochefort, *La Porte du fond*, Grasset, 1988, p. 53.

deux », dit le père, faisant de l'acte incestueux un contrat secret entre deux corps interdits l'un à l'autre.

Si le père se tait à cet endroit-là, c'est pour cacher son forfait ; si l'enfant se mure brutalement dans le silence, c'est parce qu'il a peur des mots qui pourraient faire aller son papa en prison ou de ce que le père pourrait faire à la mère ou aux autres enfants, inconscient qu'il est que son père, lui, n'hésite pas à l'emprisonner dans une forteresse de silence et d'isolement souvent définitive.

• Angélique : « Je ne voulais pas porter plainte. Il serait rentré à la maison et il nous aurait tuées, ma mère et moi » (TF1, *Droit de savoir*, 9 octobre 1996).

La partie est injuste entre un père qui montre qu'il ne se préoccupe guère du devenir de son enfant et un enfant qui malgré tout aime ce père-là et va mettre longtemps à comprendre que ce n'est pas un père – c'est-à-dire quelqu'un qui aide à vivre et montre le chemin –, mais un homme qui inspire la peur.

Et le père en profite : « Dis, tu ne voudrais pas que ton papa soit séparé de toi ?... Tu ne voudrais pas que maman meure de chagrin en l'apprenant ?... » Bien sûr que non, l'enfant ne peut rien vouloir de tel. Il va donc se taire longtemps sur ce qui lui arrive à la maison le mercredi après-midi, quand il est seul avec le parent abuseur... L'enfant agressé très jeune par un membre de sa famille, très proche de lui mais plus âgé, perd brutalement tout repère, toute loi, et toute confiance dans les adultes, comme dans les enfants : il ne sait plus ce qui est bien ou mal, devient coupable à ses propres yeux de la chose qui se passe avec l'adulte et qui n'est pas « bien à dire », alors il n'est plus comme les autres enfants... Il cesse d'être en communication verbale avec eux, car lui ne peut pas raconter ce qui lui arrive chez lui : « Les beignes, c'est officiel au catalogue. Moi pas... J'étais un secret honteux et honte j'avais de ce qui m'arrivait. À moi. Unique de mon espèce[1]... »

Du plaisir de l'adulte l'enfant ne fait pas partie (l'abuseur prétendra le contraire), car la plupart du temps l'enfant, plongé dans le dilemme terrible de ressentir (dès le plus jeune âge les enfants ont des sensations sexuelles, même s'ils n'ont pas de désir génital) des choses qu'il refuse, devient « étranger » à tout ce qui peut se passer entre lui et l'adulte désirant car il a peur... Il a peur d'être blessé, dévoré, annihilé, son corps est figé dans la stupeur.

La panique plutôt que la jouissance, telle est le plus souvent la réponse de l'enfant très jeune à la demande incestueuse.

Qui est l'ogre ?

Dans la famille, ceux qui abusent des enfants jeunes sont la plupart du temps des pervers ou des alcooliques (hommes de 30 à 40 ans) qui n'ont pas de Surmoi et n'ont pas intégré la loi œdipienne et son interdiction ultime : *il est interdit d'avoir une sexualité partagée entre enfants et parents.* Aux yeux du pervers, l'Autre n'existe pas comme Autre et l'enfant n'est pas

1. C. Rochefort, *op. cit.*

respecté comme enfant, car le parent lui-même, ni adulte, ni enfant, mais être immature la plupart du temps (Moi faible, Surmoi inexistant), est resté du côté des enfants. Ou bien, ayant perdu tout Surmoi dans l'ivresse alcoolique, il ne connaît que son désir et n'a qu'une loi : son besoin de domination sexuelle. Femme battue, enfant violé, tout est bon pour jouir de sa surpuissance et *sadiser* l'autre, inversant ainsi le sentiment de *victime* engrangé dans sa propre enfance.

Partout où passe cet individu, il commet des délits importants aux yeux de la société, et sans importance pour lui; il habite une autre planète. Imperméable à tout raisonnement moral ou parental, il n'est ni moral, ni parental. Ses parents n'ayant pas joué leur rôle de parents protecteurs, mais celui de parents utilisateurs des enfants, il est devenu un objet pervers et veut que son enfant le devienne à son tour.

Peu lui importent les sanctions pénales qui s'avèrent impuissantes à rétablir un sens moral qu'il n'a d'ailleurs jamais eu : sitôt remis en liberté, il reprend ses habitudes et pratiques criminelles avec l'enfant ou les enfants victimes, comme si rien n'avait changé. Seule la séparation d'avec eux pourra faire cesser l'état de choses devenu pour lui son « droit de propriété ».

• Patricia : « Dès que mon père s'approchait, j'étais terrorisée, j'aurais voulu rentrer sous terre, il m'apparaissait comme un ogre » (TF1, *Droit de savoir*, 9 octobre 1996).

On observe d'ailleurs dans les statistiques deux périodes où l'enfant se fait agresser le plus fréquemment : la première se situe entre 4 et 8 ans, la seconde entre 10 et 13 ans. La première est le fait d'un homme pervers, parent de l'enfant, qui recherche un être innocent et confiant dont il veut tirer plaisir « à son insu », l'attirant par une séduction facile maniant la récompense ou la crainte de la punition pour se faire obéir. *Les enfants sont pour lui des objets appartenant aux parents*, d'autant plus qu'ils sont petits et incapables de se défendre.

• Franck, 20 ans : « Ça se passait dans la baignoire, avec mon beau-père : savonnage, massage, puis fellation. À 11 ans, pénétration anale... Je dormais tout habillé... Je ne me lavais plus... Je me demandais si j'étais homo ! J'ai même fait une anorexie. Je me sentais sale. [...] Pour ne plus être *victime*, on devient *bourreau*, j'ai porté plainte et j'ai besoin qu'on lui fasse mal, qu'on le désigne comme *lui, le bourreau, et moi, la victime* » (TF1, émission citée).

Les pères de ces très jeunes enfants font mine de « jouer » comme des enfants eux-mêmes et n'imposent pas forcément le coït complet, se cantonnant bien souvent à des pratiques autour du sexe : caresses (30 %), exhibitionnisme (17 %), masturbation réciproque (21 %), et fellation (14 % des cas), contre 8 % de cas de coït incomplet et 21 % de coït vaginal complet, surtout avec des adolescentes.

Le deuxième type d'abuseur familial correspond à la deuxième période d'agression dans la vie de l'enfant selon ces mêmes statistiques : c'est un homme (père, beau-père, oncle) qui s'adresse à une fille de 10 à 13 ans, souvent nubile. Il s'agit en général d'un névrosé déçu de l'amour entre adultes, et qui, n'ayant rien rencontré qui pût réparer son besoin d'amour inconditionnel, espère le trouver chez cette enfant qui l'aime, qui a le cœur pur et va écouter la plainte d'un homme si seul. Il lui dit qu'« il n'y a qu'elle qu'il aime aussi fort dans la famille ». Il veut trouver une symbiose absente de sa vie d'adulte, et la seule personne chez qui il recueille un écho de ce désir ou de cette solitude du cœur, c'est l'enfant préadolescente, fille, belle-fille ou nièce, seule aussi à ce moment de sa vie, traversant la période de latence avant la puberté.

Cette forme d'inceste séducteur et traumatique pour l'enfant prend les couleurs de l'amour véritable pour les hommes abuseurs qui, interrogés, répondent innocemment : « Je l'aimais, et je n'aimais qu'elle, je ne pensais pas lui faire de mal. » C'est l'inceste névrotique qui peut être vu comme un trop d'amour : souvenons-nous du film de Louis Malle, *Le Souffle au cœur*, qui nous choqua relativement peu tant le registre de l'amour mère-enfant était toujours au premier plan. Rien ne paraissant imposé mais tout partagé, il devenait difficile de montrer du doigt la mère incestueuse...

La fille participe plus ou moins à la demande d'amour paternelle qui, quelque part, correspond à son rêve œdipien de petite fille, mais livrée à son père elle ne tarde pas à se sentir « esclave » en même temps que « coupable » vis-à-vis de sa mère, ce qui la rend très agressive et repliée sur elle-même, peu apte dans la suite à partager un amour « autre » avec un homme sans présenter de graves troubles de la sexualité, dont une frigidité tenace.

Cet amour, plus ou moins imposé par le père, peut dégoûter totalement la jeune fille de l'homme. Il arrive qu'elle évolue vers une homosexualité secondaire comme elle peut ne plus supporter qu'un amour sans investissement affectif et se livrer alors à la prostitution. Mireille Dumas a consacré en 1996 une émission aux femmes violées dans l'enfance par leur père et devenues des « corps à vendre ». Cette émission fut suivie d'un très grand nombre d'appels téléphoniques confirmant la fréquence d'un tel itinéraire : quand le corps n'appartient plus à soi-même, il peut devenir marchandise... Faute de pouvoir le tuer, LUI, on meurt À SOI-MÊME.

• Isabelle : « J'ai vécu toute ma vie comme si ce n'était pas la mienne, je croyais avoir oublié la petite fille... » elle a fait, par la suite, un séjour en hôpital psychiatrique de cinq semaines (TF1, émission citée).

• Angélique : « J'aurais voulu le tuer, l'égorger, qu'il se tue dans son camion, qu'on me dise qu'il était mort ! Je me sentais sale et je me lavais trois fois par jour ! » (TF1, émission citée).

Il apparaît ici à quel point il est important que les souhaits de mort dirigés contre le père abuseur soient pris en charge par les jurés d'un tribunal qui vont déclarer, devant l'enfant, que *ce père a commis un crime.* C'est le premier pas à franchir pour que l'enfant abusé cesse de se sentir sale, dégoûtant et honteux. Il ne peut reprendre sa route narcissique qu'à partir du moment où sa responsabilité est clairement dégagée de ce qui s'est passé. C'est pourquoi la dénonciation est une chose qui paraît parfois difficile, mais qui est parfaitement logique et même indispensable, quoi qu'on redoute pour le père par la suite.

Il faut aussi signaler, comme cause déclenchante ou concomitante de tous les abus familiaux, l'alcoolisme présent dans la moitié des cas de violences sexuelles faites aux enfants par un père immature et en état d'ébriété presque quotidien, dont la femme, souvent réticente, refuse de voir ce qui se passe et pense que ça n'a pas tellement d'importance pour les enfants habitués au père dont la colère est de chaque soir... Or nul ne s'habitue jamais à ce genre de colère venant d'un homme qui a perdu la raison et qui finit dans votre corps d'enfant!

C'est comme si le père était fou, c'est-à-dire capable de tout. À la honte de la perversion s'ajoute la terreur d'une violence mortifère et terrible qui n'est qu'un surgeon de la violence primitive du Ça, liée à l'oralité de cet homme. Une famille avec un père dépressif qui a versé dans l'oralité et la boisson est un monde défiguré par la peur de ce qui peut surgir à chaque instant, et où chacun se demande comment et par où s'enfuir quand le Ça paternel se déchaîne... L'enfant fait parfois des fugues à répétition pour éviter d'être pris à partie ou réduit à l'état d'« otage ».

L'immaturité affective des parents – perversion, alcoolisme, psychose, paranoïa – paraît ainsi établir d'une génération à l'autre des troubles qui se perpétuent, toujours les mêmes : le fils de celui qui boit boira et celui qui est violenté, enfant, violentera à son tour les siens. C'est la spirale sans fin d'un Ça psychique à la dérive que seule une décision de justice peut rompre en condamnant publiquement à une peine de prison associée à un traitement adapté.

Le secret qui tue

Il va sans dire que le père abuseur connaît la loi, même s'il ne la *re*-connaît pas et la transgresse journellement. C'est bien pour cela qu'il demande « le secret » à l'enfant. Il lui interdit d'en parler, pour l'enfant – « On ne te croirait pas » – ou pour lui-même – « Si ça se savait, on nous séparerait et tu perdrais ton papa. » L'enfant du jour au lendemain devient *muet* et comme *absent*, craignant de trahir par des mots ou par un regard l'énorme secret qui bloque sa vie d'enfant. « J'avais un bœuf sur la langue », dit Christiane Rochefort.

• Patricia : « Face à un géant, on ne peut pas parler, à 5 ans... Je suis morte... Après cinq ans de Prozac et quinze ans de psychothérapie, je me suis reconstruite, mais la petite fille que j'étais est toujours morte et ne reviendra plus. » (TF1, émission citée.)

Le père (ou le beau-père, ou l'oncle...) abuseur se montre indifférent à la place de l'enfant en tant qu'autre et à sa demande, car si l'enfant demande de l'amour, il ne s'agit *jamais* de cet amour-là.

Certains hommes sont prêts à reconnaître leurs erreurs.

• Jean-Marc : « Mes actes incestueux ont duré à peu près quatre ans, avec entre-temps des périodes inactives, mais à l'intérieur de moi-même l'inceste était enraciné [...]. Une fille, quand tu la regardes, même si elle a 7 ans, 10 ans ou 13 ans, elle s'en rend compte quand ce n'est pas seulement de l'affection... Ce que tu fais passer dans ton regard, ton attitude ou ton être, même si ce n'est pas physique, elle le sent et s'en trouve mal à l'aise. [...] En plus, c'étaient des gestes sexuels sur une adolescente qui ne pouvait pas se défendre parce que ces gestes venaient de son père. Elle avait peur, elle se figeait à chaque fois. Quand je repense à ça, c'est écœurant. Je lui imposais des gestes, des touchers qui la troublaient, et en plus je me justifiais... Faut-il être malhonnête pour penser des choses comme ça ! Non, pas malhonnête, plutôt immature, aveugle, irresponsable ! J'étais immature ! » (*J'ai commis l'inceste, op. cit.*, p. 76).

• Jean-Bernard : « C'était trop dur d'être responsable, j'ai donc été irresponsable, me réfugiant dans l'adolescence naïve et innocente que représentait ma fille. Elle attendait tout de moi, elle me reflétait comme un miroir. Ma peur de vivre me rapprochait de plus en plus d'elle, elle était vulnérable » (*ibid.*, p. 65).

• Philippe : « Mon plaisir provenait de la pensée que je lui procurais du plaisir. Je finis même par croire : “Si elle se réveille parfois, elle doit drôlement aimer ça, car elle ne dit rien !... Donc elle consent...” Comme on peut avoir l'esprit tordu ! Le silence me donnait peut-être plus de pouvoir en m'évitant d'entendre ma victime... J'ai créé mon petit scénario et je me suis embarqué là-dedans comme un cinéaste qui fait son film » (*ibid.*, p. 124).

Certains pères reconnaissent la monstruosité de ce qu'ils ont fait sous le coup d'un sentiment d'abandon ou de solitude familiale ; ce sont ceux qui se trouvent sur le versant névrotique et qui ont commis des incestes d'amour avec « objet dévié ». Ils sont accessibles à une réflexion, à une thérapie, qui déclenchera des excuses suivies par la reprise d'une vie normale, ce qui se pratique couramment au Canada, comme le montre le livre dont les témoignages ci-dessus sont extraits.

Hélas, bien souvent les pères pervers ne reconnaissent pas les actes qu'ils ont commis et en nient la réalité et la fréquence. La seule solution pour ceux-là, qui n'aiment pas leur enfant et n'admettent pas qu'ils lui font du mal, est l'isolement et la condamnation publique.

Je ne veux pas que l'ogre me mange

Si le père abuseur a besoin, au cours de pratiques incestueuses, d'être reconnu narcissiquement et aimé par son enfant il n'a pas l'air de savoir que l'amour symbiotique entre enfants et parents ne peut pas être partagé, et que ce premier jour est pour l'enfant le dernier avec un papa comme celui des autres... Après l'inceste, *l'enfant n'est plus un enfant* et ne pourra plus jamais le redevenir car *il a perdu son parent* qui, au lieu de l'aider à vivre sa vie d'enfant, l'a perturbé avec des choses d'adultes, des choses inconnues de lui et qui lui font peur à cause de la violence du désir dévorateur qu'il a dans les yeux de son agresseur.

« J'ai rêvé d'une grotte sombre, j'avais perdu ma lampe de poche et je ne voyais dans le noir que deux yeux qui me fixaient et me faisaient peur. » C'est le rêve d'Ève, violée dans une soupente en dessous de l'escalier où la lampe de son père éclairait son désir d'adulte, doublement terrorisant puisqu'il était à taire... Peur encore présente dans ses rêves de femme de 38 ans !

Problème insoluble dans la tête de l'enfant abusé : y a-t-il d'autres enfants qui connaissent cela ou suis-je le seul à avoir un papa qui peut devenir un monstre ?

Du jour au lendemain, une chape de plomb tombe entre l'enfant abusé et les autres, l'isolant dans une solitude qui n'appartient qu'à lui, une sorte de mort qu'il est seul à connaître. L'enfant se sent monstrueux aux yeux de tous, il a du mal à porter seul cet affreux secret.

• Éric, 16 ans, violé à l'âge de 5 ans par un ami des parents : « Comment le dire ? À qui ? Comment trouver les mots ? » (TF1, *Bas les masques*, 1995).

Le problème, pour l'enfant agressé, n'est pas seulement de voir l'adulte comme dangereux, mais de se voir lui-même « impliqué » dans quelque chose d'interdit et de secret, donc condamnable, qui lui barre la route, le questionne, l'empêche d'avancer.

Du coup l'enfant, ne sachant pas si c'est lui qui *est mal* ou si c'est l'adulte qui *agit mal*, ne veut pas encourir le mépris du jugement des autres et brusquement SE TAIT. Ce qu'il faut remarquer de ces enfants dans une famille, dans un groupe, dans une classe, c'est qu'ils ne parlent pas et ne rient pas, pour éviter de s'impliquer dans toute situation affective. Enfants hors jeux parce que réservés à un autre jeu. « Moi, je ne joue pas avec les poupées, je joue avec les papas[1]. »

Ce « jeu avec les papas » englue les sensations de l'enfant et bâillonne son âme. Plus jamais il n'aura

1. Christiane Rochefort, *La Porte du fond, op. cit.*

confiance, ni en lui ni en l'Autre, plus jamais il ne jouera comme avant, il a dans les jambes une sorte de peur qui l'empêche de courir, de gagner, d'être le premier. C'est comme si l'ogre lui courait toujours derrière.

• Isabelle, régulièrement coincée depuis l'âge de 7 ans dans les W.-C. par son père, alors que tout le monde dormait... Quand elle a voulu en parler, à 25 ans et demi, il lui a dit : « Ce sera ma parole contre la tienne. » Elle a encore eu peur. (TF1, émission citée).

Les enfants abusés à la maison ont beaucoup de choses impossibles à dire parce qu'elles sont inexplicables, illogiques, incompréhensibles ; du coup, des tas d'autres choses vont devenir impossibles à penser, à dire ou à écrire.

Ils vont présenter, du jour au lendemain, des troubles scolaires – instabilité, perte de mémoire, perte de la logique d'où difficultés en mathématiques, et des symptômes inhabituels : insomnies, cauchemars, mal au ventre, à la tête..., partout où il est « permis » d'avoir mal.

• Patricia, 23 ans, dit : « Je n'ai plus d'âge, tout s'est arrêté. » Elle a été violée de 5 à 7 ans par son père et de 13 à 21 ans par son oncle. (TF1, émission citée).

Des ogres mais peu d'ogresses ?

Se demande-t-on un instant pourquoi les abus sexuels familiaux portent à 80 % sur des filles attaquées par des hommes ? Alors que les mères, qui ont toute liberté pendant des années de maternage d'accéder au corps de l'enfant, ne sont que 10 % à l'utiliser pour leur jouissance (le plus souvent, d'ailleurs, associées à un homme).

Les femmes ont pourtant été plus souvent maltraitées, tripotées et violées dans leur enfance que les hommes. Qu'est-ce donc qui les empêche de se venger à l'âge adulte et de céder à la même perversion que les pères et beaux-pères vis-à-vis des enfants ?

Elles sont, en tant que mères, entièrement responsables et protectrices de l'enfant, pendant que les hommes, comme nous l'avons vu dans *Les Fils d'Oreste*, sont maintenus loin du bébé et de son corps. Les femmes sont les seules à connaître le sentiment de parentalité, lequel les protège du désir incestueux. En effet, un parent qui s'occupe de son enfant nouveau-né a partagé suffisamment d'émois sensuels avec lui pour avoir une impression de communication profonde et accéder à un lien physique et psychique durable.

J'ai expliqué ailleurs comment « la paternité n'était pas seulement une histoire d'origine, mais un itinéraire d'accompagnement d'un enfant depuis la naissance jusqu'à l'âge adulte, et comment cette paternité se doublait de sensualité et de désir de protection du tout-petit. Ce désir de protection, né grâce au paternage des premiers mois, ne s'effacera plus du corps ni de la conscience du père devenu « parental [1] ». Il pensera désormais davantage au bien-être de l'enfant qu'à son propre désir, d'ailleurs en général annulé par

1. C. Olivier, *Les Fils d'Oreste, op. cit.*

toutes les caresses et la tendresse partagées avec le bébé.

Nous avons vu que les récits des hommes abuseurs évoquaient toujours un père absent ou très lointain ; ce qui nous permet d'avancer que c'est l'absence d'amour et d'attention paternels qui empêche l'enfant mâle de s'identifier au père de façon valeureuse, le poussant à rester toujours du côté de la mère, donc de la régression et de la symbiose avec la femme.

La meilleure prophylaxie contre l'inceste paternel ne réside-t-elle pas dans la reconnaissance individuelle, familiale et sociale, de l'importance du père comme parent dans la toute première enfance ? D'ailleurs une enquête faite au Canada par S. et H. Parker[1], qui étudie en parallèle 54 pères incestueux et 56 pères témoins normaux, a montré que les premiers n'avaient pas paterné leur fillette de 0 à 3 ans, laissant cela à la mère, alors que les seconds avaient été présents et actifs auprès de l'enfant depuis sa naissance. Ces derniers auraient ainsi acquis au cours du paternage le sens de la valeur et de l'autonomie de l'enfant et connu avec lui tant d'amour affectif et sensuel que l'inceste n'avait plus lieu d'exister plus tard dans la réalité. Cette enquête rend compte également du fait que les beaux-pères, qui n'ont pas pu accompagner l'enfant dans ses premières années, en sont bien souvent les agresseurs.

Une fois de plus, toutes ces observations, ces témoignages nous amènent au problème, à la frontière de la psychologie et de la sociologie, de la place du père auprès de l'enfant des premières années à l'adoles-

1. « Santé mentale au Québec », *Recherche*, 1985.

cence. Il apparaît que l'émancipation des femmes, facteur de liberté pour elles, a été une cause de dégradation de l'importance du rôle de l'homme – du père – dans l'histoire de l'enfant (ne faisant qu'augmenter les risques de passage à l'acte lors des rares nuits passées par l'enfant sous le toit paternel, après un divorce ou une séparation).

Comme dans les cas de violence lors de l'adolescence, la carence de père paraît dans les problèmes d'inceste, lourde de conséquences et si la société continue à valoriser l'homme comme travailleur tout en négligeant son rôle de géniteur, nos enfants-clones des femmes continueront à être menacés par l'intervention sur le corps de pères œdipiens, qui agissent criminellement parce qu'ils n'ont pas pris le temps ni les moyens de considérer leurs enfants comme des êtres à protéger et à respecter. Tout à coup et trop tard leur vient le besoin de faire partie d'une « intimité » avec le corps de l'enfant attribuée en général à la mère et dont ils se sentent depuis trop longtemps éloignés.

La pédophilie : un crime qui vous laisse en vie

C'est dans le milieu pédophile qu'on trouve le plus de pervers, d'hommes sans loi, car la loi qu'on leur a appliquée et qu'ils ont apprise, est celle du corps agressé, violé.

Comme les pères incestueux, ils ont une identité fragile et mal établie. Par contre, ils ont un Surmoi familial et social qui condamne le pouvoir sexuel pris sur l'enfant.

Ce sont des hommes issus de toutes les couches de la société, cultivés ou non, cachant le plus souvent aux yeux des leurs les terribles tendances dont ils ont honte, mais qu'ils ne peuvent assouvir que par des pratiques sexuelles déviantes sur la personne d'un enfant qu'ils vont forcer comme eux-mêmes l'ont été autrefois.

Certains pédophiles, conscients de leurs troubles et ne voulant pas faire de mal à leur entourage tout en donnant satisfaction à leurs horribles pulsions, agissent isolément et de façon méthodique. Nombre de pères de famille respectables et des chefs d'entreprise insoupçonnables s'éclipsent pour une heure, un jour ou une semaine, dans le but de réaliser la rencontre de l'enfant intérieur, celui qui les habite, avec un autre enfant, « trouvé » hors de la famille et du milieu habituel.

On ne sait pas assez que des hommes pédophiles de tous âges utilisent des réseaux organisés et quasiment officiels de traite d'enfants venus de pays sous-développés ; ces hommes-là ne tuent pas leurs victimes puisqu'ils ont payé très cher le silence de tous, et que leurs victimes ne sont, la plupart du temps, que des enfants étrangers, pauvres et abandonnés, donc voués au malheur : le Surmoi du pédophile peut se rassurer !

D'autres pédophiles (quand on les découvre...) agissent plus isolément encore et souvent criminellement pour cacher leurs forfaits[1].

1. Selon Carine Hutsebaut, criminologue belge, qui prépare

Il s'agit souvent d'hommes vivant seuls et sans relations sociales suivies et qui sont très souvent migrants d'une région à l'autre, donc difficiles à identifier par les gens de leur quartier. Un certain jour, à la suite d'une impulsion particulière et irrépressible, venue du fond de leur Ça, à la suite d'une frustration affective particulière, la traque commence et peut durer plusieurs jours : ils cherchent un enfant « seul » qu'ils repèrent à la sortie de l'école ou du collège voisin. La différence d'avec les violeurs méthodiques, c'est que, eux, ne font pas de quartier ! Ils vont jusqu'au bout de leur fantasme de domination et tuent leur victime après l'avoir violée, l'enterrant tout simplement dans un jardin, une cave, parfois une forêt voisine (voir l'affaire Dutroux).

Une troisième sorte de pédophiles, qui agissent, semble-t-il, de façon réellement organisée, recherchent socialement la compagnie de ceux qu'ils aiment : les enfants. On les retrouve éducateurs, instituteurs, moniteurs, prêtres ou médecins. Là, sous le couvert d'une profession socialement honorable, ils initient les enfants et les adolescents à la perversité, c'est-à-dire l'acte d'amour sans « amour ». Ils leur apprennent à « subir » la jouissance de l'autre ou sa maltraitance.

---

une étude pour le ministère français de la Justice, 25 % du nombre total d'enfants européens subissent des abus sexuels. L'Europe compte 86 000 pédosexuels qui font chacun 120 à 200 victimes au cours de leur vie. Les statistiques de la police française font apparaître, pour l'année 1996, 11 500 victimes sexuelles et mineures. Une nouvelle loi Guigou portant sur la répression de ces abus est en cours d'élaboration.

Ils repèrent des enfants solitaires timides ou complexés, ou isolés par les autres, et, sous couvert de préférence éducative ou d'amour protecteur, leur imposent l'humiliation de l'obéissance poussée jusqu'au bout, jusqu'au viol des jeunes par une pénétration intime qui n'est pas de leur âge.

L'acte pédophile laisse l'enfant définitivement marqué par la honte d'« appartenir » à l'autre et la rage de ne pouvoir le « tuer ». Pour vivre au milieu de sentiments aussi violents, l'enfant a bien besoin de toute la force de sa libido afin d'arriver à contenir et à taire tout ce qui lui est fait en toute impunité et cette même libido se retrouvera absente à l'école : l'enfant éprouvera des difficultés scolaires qui étonneront tout le monde sauf lui.

Régulièrement, des jeunes élèves d'instituts et d'institutions privées nous apprennent que le collège a été pour eux un lieu de peur, de honte et de rupture avec leur famille à laquelle ils ne pouvaient se confier craignant de ne pas être crus et de ne pas pouvoir maintenir une vérité niée par l'éducteur reconnu, lui, comme adulte non soupçonnable.

Les élèves abusés sexuellement à l'insu de leur famille conçoivent une culpabilité et une dévalorisation fondamentale : ils sortent des lieux d'enseignement plus ou moins « cultivés » mais à coup sûr « dévalorisés » pour longtemps ; parfois orientés vers un devenir d'homosexualité secondaire, ils manifestent des difficultés scolaires inexplicables, sont objets de dépressions inattendues, de gestes suicidaires incompréhensibles.

Cependant, comme l'éducateur s'attaque à des

enfants d'âge scolaire, l'impact psychologique n'est pas le même que lorsque l'enfant est agressé très jeune dans sa famille par une personne aimée, car le trouble psychotique pervers ne s'intègre plus à la psyché au-delà de l'âge de 7 ans environ. Ces enfants souffrent, se sentent infériorisés, coupables, salis, isolés, mais leur structure fondamentale n'est pas vraiment transformée et ils ne mélangeront jamais les registres de l'amour et de la violence...

Désespérés par ce qui leur arrive à l'insu de tous et porteurs d'une terrible souffrance, ils restent néanmoins critiques – ce qui veut dire que leur Surmoi reste vigilant. La première porte qui va s'ouvrir devant ces « prisonniers du silence » est la découverte et la dénonciation par un adulte des abus sexuels pratiqués dans l'établissement.

Ce crime est donc non pas seulement un crime corporel comme avec l'enfant très jeune, mais un viol de l'âme, laissant l'enfant blessé par une marque honteuse, inoubliable et parfois définitive dans sa vie.

• Jérôme, violé dès 4 ans en colonie de vacances par le directeur. « De 4 à 14 ans, véritable film d'horreur... J'étais comme son *jouet*. Je ne suis pas adulte, je me sens inapte à la société. Je suis toujours à l'âge de 4 ans, j'ai pas pu évoluer... Je suis tout petit et il m'a tué ! » (*Bas les masques*, 1995.)

Ces abuseurs doivent être, dès que découverts, « isolés » des jeunes et recevoir une thérapie hormonale propre à juguler leurs instincts ; aux États-Unis, l'État de Californie a voté une loi contre les délinquants sexuels récidivistes et depuis janvier 1997 on y pratique la castration chimique sous forme d'injections d'hormones inhibant le désir. Tout auteur d'agression sexuelle sur un mineur de moins de 13 ans coupable de récidive subit ce « traitement » dans sa première mise en liberté, même conditionnelle.

Au Canada, un effort de réinsertion et de mise à plat de l'inconscient est pratiqué avec l'accord de l'agresseur qui va suivre un traitement comportemental sur deux ans dont le but est de lui permettre de reconnaître l'ampleur de son délit et de prendre la décision de faire lui-même quelque chose pour arrêter ses crimes sur les enfants. Au cours de cette thérapie, on impose à celui qui n'a pas d'interdit œdipien un interdit venu de l'extérieur : *cet homme ne doit jamais rester seul avec un enfant. C'est aussi strict que l'interdiction de boire la moindre goutte d'alcool pour l'alcoolique qui ne veut pas retomber dans son drame familial de buveur.*

Dureté et mépris se retrouvent toujours dans l'enfance de tous les pédophiles et leur ont forgé une âme double : celle refoulée d'un enfant délaissé qui en cherche un autre, et celle d'un adulte insensible (Moi perturbé) qui n'a de respect ni de pitié pour aucun autre, puisque eux-mêmes sont des morts-vivants, qui ont traversé toutes les horreurs des violences que des enfants peuvent subir tout en restant vivants.

Il n'empêche que les abus sexuels des pédophiles, qui sont en quelque sorte la réalisation de désirs incestueux hors de la famille, doivent être traités, comme les autres abus, par la reconnaissance des faits et l'isolement des personnes coupables de délits, car le non-respect de la différence des générations démontre toujours l'insuffisance de la loi intérieure de ces individus dont *la société a le devoir impératif de protéger la jeunesse.*

CHAPITRE VII

L'ENFER DES VIOLENCES FAMILIALES

« Je revois encore ma mère menacer mon père avec un couteau. Elle parlait de lui faire la peau, elle reprochait sans cesse à papa de rentrer tard, de voir des copains. Elle demandait des comptes, fouillait ses poches et l'assaillait de questions. "Je sais que tu as une maîtresse, c'est qui ? Allez avoue, espèce de salaud, que t'as une femme dans ta vie[1] !" »

C'est ce que Lydia Perréal entendait, et ce qu'elle en comprenait, c'est que sa mère n'était pas aimée et que pour cela on peut « tuer »... Pour elle c'eût été terrible que son père meure ! Nous avons vu que l'enfant, tant qu'il vit entre ses deux parents, a toujours peur, en cas de conflit, que l'un n'exécute l'autre, car l'autre il en est la moitié... Et c'est cela d'ailleurs le problème du divorce : on ne divorce pas sans entraîner l'enfant dans le rejet de celui qui est écarté de la maison et qui est aussi l'enfant. On n'injurie pas le père ou la mère de l'enfant sans injurier du même coup l'enfant !

1. Lydia Perréal, *J'ai 20 ans et je couche dehors*, J.-C. Lattès, 1995.

Les divorçants

C'est pourtant bien dans l'invective que se retrouvent ceux qui se sont unis pour ne plus « faire qu'un », d'abord à deux puis à trois ou à quatre avec le produit de leurs amours : leurs enfants.

Mais est-il si facile de ne faire qu'un, même en vivant ensemble et sous le même toit ? Il reste toujours la menace inconsciente de découvrir l'impossible dissemblance, la radicale non conformité de deux êtres qui ne sont pas de la même famille, parfois pas du même milieu, et n'ont pas les mêmes habitudes, ni parfois les mêmes croyances...

Qui assure la symbiose entre eux, sinon le corps qui veut régulièrement se fondre dans celui de l'Autre pour annihiler toute distance, toute différence ? Dans le couple ce n'est pas le corps qui est le principal *responsable* du lien mais c'est lui qui en est l'inévitable *vecteur :* La discordance des âmes mènent au dysfonctionnement des sexes.

Le lien d'amour dépend directement de l'inconscient et du Ça, il va vivre ou craquer à cause de l'histoire inconsciente de chacun, mais ce sont les corps qui les premiers vont s'écarter, se refuser, se violenter, s'ignorer.

« Tu n'es pas comme je croyais » est la première constatation d'un amoureux déçu, la première lézarde dans la cellule symbiotique formée par le couple.

Le premier coup violent entre ceux qui ne s'aiment plus est toujours donné par l'ogre intérieur qui sait que le sentiment d'identité commune étant évanoui, il ne pourra plus manger l'Autre comme « du bon pain » et il se lève alors bien décidé à faire disparaître le « mauvais objet ».

L'ogre intérieur ne s'occupe que de la personne qu'il habite, jamais de l'autre, ne l'oublions pas et il va frapper, cogner car il voudrait « tuer » celui ou celle qui a cessé de correspondre à sa faim inconsciente.

Plus l'être humain est amoureux, plus le sentiment de « bon objet » attaché au partenaire est fort et plus en cas de discorde ou de désillusion, ce sentiment va se retourner en « haine » et en désir de destruction : voir les terribles disputes au moment du divorce au cours desquelles les chaises volent, les assiettes se cassent, les portes claquent, avant que l'un ne s'attaque directement au corps de l'autre pour lui faire mal, le *tuer*, le punir d'*être ce qu'il EST*...

Je suis morte. Ou plutôt, comme disent les enfants, « j'ai mouru ». Je suis morte mais je ne meurs plus. « Je suis morte », passé composé[1] »

On retrouve la même rage contre l'Autre dans la malignité avec laquelle les époux se disputent biens et enfants oubliant même que l'enfant est la moitié de chacun...

La haine des divorcés donne à chacun d'eux l'impression d'avoir à défendre un point de vue juste contre quelqu'un qui les agressent et les fait souffrir à tort : ils voudraient qu'on les soutienne et qu'on partage leurs sentiments de représenter la justice en leur disant « ton mari (ta femme) a réellement tort ». Mais qui d'entre nous voyant les choses du dehors peut-il

1. F. Chandernagor, *La Première épouse*, de Fallois, 1998, p. 179.

prononcer ces mots ? D'ailleurs, les « divorçants » sont sourds à toute rationalisation et indifférents à tout conseil de sagesse : ils n'entendent que leur Ça déchaîné à l'intérieur d'eux mêmes et luttant pour retrouver une juste satisfaction. N'en oublient-ils pas jusqu'à l'existence et la souffrance de leurs jeunes enfants ?

Ils le savent très bien, ces enfants qui, ayant fui dans la rue les éclats violents entre leurs parents, clament à qui veut les entendre : « Touche pas à mes vieux ! » car ils ne veulent pas porter la honte d'être l'enfant de ces parents-là !

« Un jour il m'a battue et je suis restée sur le carreau comme morte, je n'arrivais plus à me relever, il m'avait battue à coups de pied, de poing, et quand j'ai été par terre, à coups dans le ventre. Puis il m'a attrapée, m'a tirée contre le lavabo et m'a tapée la tête contre le bord, j'ai cru qu'elle allait éclater ma tête ! Je saignais de partout, alors il m'a traînée par les cheveux jusque devant mes enfants, leur disant : « Regardez si elle est belle ! Elle sera bientôt morte ! Alors j'en prendrai une neuve toute belle », raconte Emilie [1].

Comment un homme et une femme peuvent-ils en arriver là, alors qu'ils étaient partis pour s'aimer ? Cette jeune femme s'était même mariée contre le désir de sa famille ! Elle croyait être mariée pour le meilleur et non le pire !

---

1. Émission de Mireille Dumas, *L'Enfer de la violence*, France 2, 1996.

Dialectique du couple violent

Curieusement, très souvent les époux violents, croyant à la pérennité de l'amour, restent longtemps ensemble (10, 15, 20 ans). Ils se disent que tout ce qui se passe entre eux n'est qu'une expression exagérée d'un amour exceptionnel puisque fusionnel le reste du temps ! Mais le « temps », dans les couples violents, n'est pas le même que celui des autres, car, eux, sont toujours entre deux crises ; entre paradis et enfer, c'est ainsi que vivent les hommes et les femmes dont le couple est impossible, mais la séparation impensable !

La crise est la base du système, elle peut monter en quelques minutes à la façon d'une bouilloire qui déborde, ou se préparer pendant plusieurs jours, à la façon d'un orage créant une sorte d'électricité entre les partenaires, jusqu'à ce qu'un mot plus « malheureux » que les autres ne déclenche le déluge de récriminations et de haines accumulées depuis des jours. Les enfants, hélas, ont déjà pris les premières gouttes et se sont vus grondés, claqués ou franchement punis pour des actes en général mineurs.

Le mot malheureux ayant été jeté, il donne le signal de l'escalade verbale, où la femme se montre beaucoup plus habile et volubile que l'homme qui n'a que peu d'objections verbales à formuler, alors que tout son corps tremble de rage ! Et c'est lui en général qui provoque le corps à corps violent avec l'Autre, qui n'attendait, semble-t-il, que cela pour bondir...

L'hypothèse vérifiée et vérifiable dans la plupart des cas est la suivante : le couple se constitue très rapidement, sur des impressions (inconscientes pour les partenaires) fondées sur un rapport au désir si important, qu'il semble pouvoir vaincre et annihiler toute discorde à venir.

Il s'agit le plus souvent d'hommes et de femmes blessés affectivement dans l'enfance et dont le corps a été malmené par les parents sans que personne ne dénonce cette violence éducative; l'enfant l'a donc prise comme la règle et la première gifle qui part dans le couple n'étonne ni l'enfant ni l'homme ni la femme, mais apparaît comme quelque chose d'inévitable, d'aussi inévitable que le fait qu'ils s'aiment violemment...

Nous avons vu au début de ce livre l'importance de la symbiose de corps primitive avec les parents et le mal que l'enfant éprouve à en sortir, si les mêmes parents ne l'aident pas par une autre sorte de proximité qui est celle de la parole, du rire, des jeux, de la sublimation en un mot.

Si les parents ne font pas ce travail éducatif de détachement de l'objet premier, l'enfant restera très régressif et inséparable d'un autre objet, appelé objet transitionnel, qui représente la mère; ce peut être la tétine, le vieux nounours pelé, le bourrillon de laine arraché à un vêtement doux. Essayez donc de prendre cet objet à l'enfant qui le tient! Vous ne déclenchez que cris de rage et mouvements désordonnés. (De même celui qui manquera de cigarettes ou de boisson marmonnera des mots agressifs, claquera les portes, donnera des coups de pied, sera en un mot inapprochable.) De là à faire de même dans le couple avec celle (celui) qu'on croit avoir « à soi » et que l'on peut toucher, tenir, embrasser, étreindre...

Pourquoi ne déclencherait-on pas une crise de rage ou de violence terrible à l'idée de la perdre puisqu'on est loin maintenant des interdits parentaux de violence et qu'on peut frapper, cogner (comme je le faisais au début de ce livre avec mon Toto) jusqu'à apaisement de la pulsion venue du Ça? Le but non déguisé de cette violence est bien l'annihilation, voire la mort, de l'objet incriminé (il y a 250 crimes passionnels par an en France et 1 femme sur 7 est battue).

C'est ainsi que Jean-Pierre nous dit : « Elle avait laissé un mot disant qu'elle partait avec les enfants parce que j'étais violent... Je la cherchais pour la *tuer*... Elle était ma *propriété*[1]. »

Marianne : « Jamais je n'aurais été embobinée par cet homme-là si je n'avais pas été abandonnée par mon père à ma naissance[2] »; Marianne a rencontré son homme à 17 ans et a supporté d'être prostituée par lui (donc abandonnée à un autre).

Sonia, battue par sa mère durant toute son enfance, s'est mariée sous la contrainte de son frère qui lui disait : « Tu te maries avec lui ou on t'envoie en Algérie. » Actuellement elle vit des moments difficiles avec un mari violent et souvent menaçant[3].

La répétition inconsciente d'une histoire familiale ratée est la base de l'échange agressif et violent d'un grand nombre de couples : on part pour vivre (consciemment) « autre chose », mais très rapidement

1. *L'Enfer de la violence*, émission citée.

2. Mary Bin-Meng, Framboise Cherrit, Édith Lombardi, *Traiter la violence conjugale*, L'Harmattan, 1998.

3. *Ibid.*

il s'avère qu'on a choisi (inconsciemment) la « même chose » qu'autrefois sous une autre forme.

Mais dans le couple, contrairement à la naissance et à l'enfance, on est censé « choisir » son partenaire. En cas de difficultés, on est donc en colère contre l'Autre ou contre soi-même et on bascule dans la violence envers le partenaire, déclaré *responsable*, ou dans la dévalorisation de soi-même, puisqu'on se juge *incapable* de se défendre, donc dans la dépression. Et c'est l'enfer, chacun voulant supprimer l'Autre et s'apercevant dans le même temps qu'il ne peut vivre sans lui : la violence du couple est une sorte de toxicomanie, l'Autre étant l'indispensable drogue de l'un...

La rage de l'un sert d'excitant à l'Autre et leur orgasme sera, ce soir-là, la lutte de deux corps déchaînés sous l'influence du Ça ! Donc orgasme de coups, de cris, de sang, suivi de détente et de retour progressif à une communication parlée d'un Moi à l'Autre : regards, regrets, promesses de calme assuré... pour quelques jours.

La première victime de l'homme : sa femme

Quatre millions de femmes battues en France, ce qui voudrait dire quatre millions d'hommes violents – qui sont-ils ? M. Tout-le-Monde et elles des mégères ? Non, après enquête, Mme Tout-le-Monde[1].

C'est avec les mots, mots de l'horreur au quotidien, qu'une femme peut, sous le couvert d'un entretien

1. *Ibid.*

dans un lieu dont elle sait qu'il lui est réservé (SOS Femmes battues), soulever le couvercle de son effroyable secret.

« C'est la première fois que je parle, je n'ai rien dit jusqu'à présent. À qui aurais-je pu dire ce que j'endure ? Personne ne m'aurait crue[1]. » Ne croit-on pas entendre une fois de plus l'expression de la crainte de ne pas être entendue, de ne pas être reconnue comme l'enfant abusé par un adulte plus fort que lui ?

Marie-Anne commence sa recherche pour entrouvrir la porte fermée sur le secret, avec la certitude que reprendre les mots, c'est reprendre sa respiration et sortir du cercle infernal de la violence.

Le silence des femmes fait souvent partie du tableau de la famille violente. Les violences des hommes à l'encontre des femmes ont toujours eu d'autant plus de difficultés à être connues et à être combattues que leur fondement même repose sur la clôture et l'enfermement. La violence protège le lieu du secret en rendant la femme victime complice de ce secret. Or *la violence se nourrit du secret et du silence de la victime.* Le secret reste parfois, dans un couple violent, le seul maillon d'une vie partagée. À quoi serviraient les mots quand on choisit les coups ?

« Il ne m'écoute pas, j'ai essayé de lui dire que nous allions nous perdre l'un l'autre, il ne m'a pas entendue », dit une femme.

« J'ai bien vu qu'elle ne disait plus rien, alors j'ai continué à frapper, à tenter de la faire réagir ; c'était insupportable. Elle ne criait même pas... », raconte un

1. *Traiter la violence conjugale, op. cit.*

homme. La violence s'exacerbe du manque de mots, mais les mots restent dans la gorge et ce sont les coups qui partent.

Le cri permet à la femme de rompre le secret, la parole adressée à un médecin ou une responsable qualifiée est signifiante du refus de ce que cette femme endure ; elle exprime enfin un seuil de douleur infranchissable.

Les hommes violents savent ce qu'ils font quand ils veulent empêcher toute parole qui irait vers le dehors. Ils savent que c'est la condition nécessaire à la continuation d'un mode de vie sadique dont l'Autre n'ose pas s'échapper.

Les lieux d'accueil pour femmes victimes de violences sont des endroits où la femme battue peut retrouver sa parole propre, donc son altérité. Si elle parle, elle devient *sujet*, lieu de parole, elle cesse de servir d'*objet* dans l'histoire de son mari.

Il faut qu'elle s'entende dire comme l'enfant violé : « Vous êtes la victime. » La reconnaissance de son *état de victime* lui donne l'espoir qu'il ne sera peut-être pas permanent, qu'elle pourra en sortir un jour. À la reconnaissance d'une *victime* est associée la reconnaissance d'un *coupable* : est coupable celui qui n'a pas agi en conformité au droit, ni à la morale sociale, ni à la morale universelle. On réintroduit un cadre logique pour cette femme en lui énonçant ses droits : « Vous êtes la victime d'actes répréhensibles, cela vous donne des droits ; vous pouvez agir contre l'auteur de ceux-ci pour vous protéger[1]. » Le cadre a un rôle structurant.

1. *Traiter la violence conjugale, op. cit.*

Il y a longtemps que cette femme n'a plus entendu parler de ses droits si ce n'est le droit à être punie puisque sans valeur, sans défense, et sans autonomie.

« Je l'ai vu arriver avec le pistolet, il a tiré un coup au-dessus de moi et a jeté l'arme vers moi. Je l'ai reçue à l'estomac. "Il reste cinq balles, c'est pour toi, tu ouvres la bouche, c'est radical." Il voulait absolument que je ramasse l'arme, ce que j'ai refusé de faire. [...] Il est revenu armé d'une faucille et il fauchait tout ce qu'il trouvait sur son passage : tous les plants de courgettes, aubergines, etc., en fonçant sur moi [1]. »

Il est évident que rien ne pourra jamais rendre les années perdues, rien ne remboursera les peurs engendrées par la torture à celle qui a vécu avec un « sauvage de l'inconscient » qui, par suite de délire, jalousie ou alcoolisme, agit sous l'influence souvent mortifère de son Ça.

L'alcoolisme, en effet, dans 50 % des cas, se conjugue avec la violence et rend l'homme plus souvent responsable de l'enfer du couple que la femme.

L'homme qui rentre chez lui en état d'ivresse a noyé son Surmoi dans son verre ! Il faut évoquer ici le mari alcoolique qui, tous les soirs, à grand bruit et à grands cris, terrorise sa famille : il est le responsable des violences conjugales et parentales, car celui qui a bu n'est plus un homme normal, mais un être cherchant à épuiser sa vengeance de toujours contre les faibles (dont il fait partie) qui risqueraient d'être plus heureux que lui !

---

1. *Traiter la violence conjugale, op. cit.*

Que l'alcoolique se détruise lui-même, passe encore, mais qu'il rende malheureux tous ceux qui l'entourent, voilà qui peut inciter à une mise en garde contre une toxicomanie qui fait plus que détruire un être, mais s'attaque à toute une famille.

Desdémone, mon tendre amour

Dans beaucoup d'autres cas, c'est la jalousie fondamentale qui est à l'origine de la mésentente conjugale car la majorité des êtres humains est passée par la dénarcissisation attachée à la naissance d'un puîné.

Jalousie inévitable, car entre les soins apportés à un bébé et ceux dont on entoure un enfant de 2 ou 4 ans, il y a une différence que l'enfant interprète rarement de manière positive : il ne manque pas de constater, puis de croire que c'est celui avec qui l'on passe le plus de temps qu'on aime le plus... Malgré tout ce qui peut lui être dit sur le fait honorable d'être le plus grand, il ne cesse de manifester par ses attitudes et nombre de « manifestations » psychosomatiques qu'il n'apprécie pas le partage de ses parents avec qui que ce soit. C'est le garçon généralement qui souffre le plus de partager un Œdipe solidement enclenché avec la mère.

Ce sentiment engendre des souhaits de mort venus du Ça que l'enfant mettrait volontiers à exécution si les parents n'avaient pas un effet modérateur, disant qu'on n'est pas obligé d'aimer le bébé, mais qu'il est « défendu » de le blesser ou de le tuer sans risquer de perdre l'amour parental.

C'est pour garder l'estime de ses parents que l'enfant refoule ses souhaits de mort et renonce à les exécuter dans la réalité. Plus on peut parler avec l'enfant de sa situation par rapport à celle du puîné, moins le refoulement est nécessaire et plus le Moi conscient accepte la situation, voire l'exploite, cherchant à dominer, commander, aider le plus petit.

C'est ce refoulement, très important dans certains cas (surtout chez les garçons), qui réapparaît dans le couple duel, passionnel, exclusif et symbiotique. C'est toujours l'inquiétude de ne plus être « le premier » ni « le seul » – ce qui était la désolation première de l'enfant jaloux – qui redonne vie aux actes mortifères refoulés de l'enfance, vis-à-vis cette fois d'un conjoint qui casse le contrat d'exclusivité et tente de faire pénétrer « un autre » dans la dyade conjugale de départ.

Cette jalousie est le ver à l'intérieur du fruit pour ce qui est du mariage car elle incite à vérifier, espionner, et parfois même interpréter faussement la réalité, finissant par créer un tableau irréaliste, passionnel et dangereux pour la pérennité du couple. Ne sommes-nous pas choqués de voir Othello, dans le drame de Shakespeare, finir par étouffer sa chère et si fidèle Desdémone? La jalousie n'est-elle pas le ressort de bien des meurtres violents qui émaillent la une de nos journaux?

L'homme, dans cette affaire, a une raison tout à fait secrète et particulière de redouter le partage ou la perte de son amour, car c'est déjà le scénario qu'il a vécu avec sa mère au cours de l'œdipe. Cette femme, la sienne, elle est à lui, il l'a choisie, épousée, lui a souvent fait un ou plusieurs enfants, et tout écart lui paraît un outrage sans pareil à punir ! Alors que la femme qui n'a pas, la plupart du temps, vécu d'œdipe avec son père peut croire, dans la même situation, que ce n'est qu'une trahison temporaire, erronée, à laquelle l'homme renoncera.

La dureté de l'homme en cas d'adultère ou de suspicion de tromperie est souvent exemplaire. Serait-il en cela approuvé par les tribunaux ? Dans les histoires de violence conjugale, la violence masculine, pourtant la plus fréquente, paraît difficile à faire reconnaître : il semble que la loi de 1974, qui condamne tout homme qui a violenté sa femme à une peine de trois ans de prison assortie d'une amende si l'ITT (incapacité temporaire de travail) dépasse dix jours, soit rarement appliquée.

« L'Enfant derrière la porte »

« J'étais foudroyé de peur. Je suis entré dans la salle d'audience avec le sentiment que je venais de faire une grosse bêtise, que c'était moi le coupable... J'ai fermé les yeux en souhaitant de toutes mes forces que tout se passe le plus vite possible. J'étais dans un cauchemar. Un éducateur m'accompagnait. Devant nous se tenaient le procureur et trois autres personnes [...]. J'avais juste jeté un regard derrière moi, en entrant, pour voir si mes parents étaient là. Il n'y avait personne. Je me sentais traqué, pris au piège. Je ne peux pas l'expliquer. Je ne savais plus pourquoi j'étais là [...]. C'était le procès de ma mère à huis clos[1]. »

---

1. David Bisson, *L'Enfant derrière la porte*, Grasset, 1993.

Voilà, racontée par l'enfant lui-même, l'histoire d'un petit garçon, enfermé criminellement par sa mère dans un placard de 1,70 mètre sur 2 pendant des années... Ce petit garçon a longtemps attendu que sa mère oublie enfin de verrouiller la porte du placard, ce qui arriva quand il avait 12 ans.

« J'espérais depuis longtemps qu'elle oublie de fermer cette porte à clé. Pourtant, quand c'est arrivé, j'ai hésité à partir tout de suite. Je n'arrivais pas à m'en aller... Je n'osais pas. [...] J'avais peur de partir, peur du dehors, peur de rester, de ce qu'elle pourrait encore me faire. Je ne savais plus où j'en étais, ni ce qu'il fallait que je fasse. J'étais paralysé[1]. »

C'est cela qu'éprouvent beaucoup d'enfants maltraités, ils sont terrorisés, muets et paralysés, hantés par l'idée qu'on leur fasse pis encore...

Enfermés, privés de nourriture, relégués dans la niche du chien, brûlés à l'aide de cigarettes, le dos ou les fesses zébrés de grandes marques violettes, les bras et les jambes pleins de bleus, tels sont les sévices qu'endurent encore parfois, en 1998, les enfants maltraités. Leur repérage est rendu plus facile depuis que certaines lois, certains lieux et un personnel compétent leur ont été attribués, ainsi qu'un numéro de téléphone vert. Résultat : 3 000 appels par jour dont on ne peut prendre que 600 ; 65 000 enfants en danger en 1995, soit 9 000 de plus que l'année précédente ! Troublant état de choses, car on aurait pu s'attendre, grâce à la liberté de la contraception, à une diminution du nombre d'enfants du hasard, donc du

---

1. *Ibid.*, p. 84.

sadisme qui leur était réservé. On pouvait raisonnablement penser que la condition d'enfant martyr tenait au fait qu'ils n'avaient pas été souhaités...

Fausses prospectives, hélas, car l'enfant, dans certaines familles et dans certaines conditions, est encore accueilli comme un « gêneur ». Comme il est petit, on va pouvoir aisément lutter contre son existence en la minimisant, contre son désir en y restant sourd, contre ses besoins les plus essentiels en les ignorant.

« Quand j'y repense maintenant, il vaut peut-être mieux prendre des coups en silence, dans le noir[1]. » C'est bien cela que déclarent tous les enfants maltraités : les coups, ça fait mal, mais on sait qu'on existe! Terrible idée que pour se savoir vivant, il faut avoir mal, comme d'autres se sentent exister parce qu'il fait beau ou qu'ils ont eu une bonne note... Comment ne pas sortir d'une enfance maltraitée sans être maltraitant soi-même?

« Parallèlement à ma vie au foyer, je voyais un psychiatre [...]. Au début, il me disait : "Parle-moi de ta mère" et je commençais à tout casser[2]! » Nous apprenons peu à peu que l'enfant qui dit cela a été porté par une mère seule parce que le père avait disparu dès le sixième mois de sa grossesse et qu'elle n'en voulait pas. « Elle ne voulait pas d'enfant sans doute à ce moment-là, elle m'a fait payer son malheur. On fait toujours payer son propre malheur, non[3]? » Cet enfant devenu grand, et qui a tant de mal à récupérer

1. *L'Enfant derrière la porte*, *op. cit.*
2. *Ibid.*
3. *Ibid.*

une allure et une manière d'adolescent, nous apprend tout sur le malheur de ne pas être aimé. C'est bien cela que les parents – leurs bourreaux – font payer aux enfants... qu'ils ne veulent pas plus heureux ni plus libres qu'eux.

C'est comme si les enfants maltraités portaient la loi du talion inscrite quelque part en eux : plus tard, je me vengerai... Quand, plus tard, l'amour se présente, tout cela est si ancien, le souvenir si reculé et la résolution si « refoulée », qu'aimer, avoir un enfant apparaît comme « faire comme tout le monde » et ne comporte au départ aucune connotation négative.

C'est au moment de la confrontation directe avec les pleurs ou les besoins d'un nouveau-né que le parent se réveille tout à coup comme l'enfant qu'il n'a pas cessé d'être : enragé contre ceux qui l'empêchaient de satisfaire son désir et parfois même le sanctionnaient durement pour lui apprendre que son désir ne comptait pas !

« Il fallait pas que je vive, fallait pas que j'existe, elle a essayé de me noyer dans ce tonneau plein d'eau où elle m'a enfoncé le visage... un jour où je prenais mon bain. » Récit d'Éva, née d'un soldat allemand et d'une mère française[1].

Il se passe rarement une semaine sans qu'on apprenne par les médias qu'un couple pervers martyrise ses enfants au fond d'une campagne française ou au bout d'une ruelle oubliée de la ville ; c'est le fait de personnes qui ont eu une enfance pauvre, brutalisée et sans affection et s'avèrent incapables d'aimer, de

1. *Ça se discute*, France 2, 26 mars 1997.

reconnaître et de parler à leurs propres descendants... Ne parlons pas de loi ni de morale !

Écoutons Frédéric, 16 ans, frappé depuis l'âge de 6 ans. « Il m'apprenait à lire et quand ça ne marchait pas il me tapait dessus avec la main ou avec un manche à balai ou bien il me tapait la tête contre le bureau... Je me sentais coupable alors que c'était lui qui me tapait ! Je n'osais en parler à personne, j'avais trop peur ! [1] »

Toujours la même peur que l'adulte exploite chez l'enfant, qui, lui, n'a confiance qu'en l'adulte qui le frappe, un enfant qui ne peut devenir que coupable ou violent à son tour...

Le 18 septembre 1996, nous pouvions lire dans *Libération* : « Vanessa, violée par sa mère et son beau-père. Ses deux bourreaux comparaissaient devant les assises du Vaucluse : Marie-France Duponchel, la mère, couturière belge de 37 ans, finit par lâcher : "C'est vrai, ça ne se fait pas." Lui, Bernard Sinard, rentier, 53 ans, cheveux blancs, reste fermé. Ils sont deux ombres dans le box des assises du Vaucluse. Plus bas sur le banc des parties civiles une gamine frêle, fragile... Vanessa a 18 ans, elle en paraît 13 ! "C'est pas possible qu'une mère fasse ça à son enfant, dit-elle. C'est un monstre ! Il faut l'enfermer pour toute sa vie. Et lui, Sinard, c'est pareil et j'aimerais le voir souffrir comme j'ai souffert." »

Vanessa était toujours dans sa chambre, à part, sauf quand ils avaient besoin d'elle pour faire des photos et des films... Elle devait alors prendre des poses pour se conformer à leur mise en scène. Elle a vécu huit ans de silence, à croire que c'était normal. Violée par sa

1. *L'Enfer de la violence*, émission citée.

mère, son beau-père et cette caméra qui ne cessait de filmer...

Le tribunal conclut à la perversité des deux adultes, parfaitement intelligents et organisés donc des gens dont nous pouvons deviner que personne n'avait pris le soin de les éduquer et qui avaient grandi sans Moi, sans identification, sans respect de l'Autre qu'ils pouvaient considérer comme simple « objet ».

Toute histoire de ce genre contée à un psychanalyste ne peut qu'évoquer le manque d'éducation, de parole ou la violence qui empêche le Ça de se transformer en Moi conscient et humain. C'est ce genre d'ignorance de l'âme et de l'esprit de l'enfant qui en fait un jour, lorsqu'il est adulte, un tortionnaire étranger au désespoir, à la solitude et à la souffrance d'un enfant.

Quand la terreur change de bord...

La terreur est le plus souvent du côté de l'enfant dont le parent utilise la petite taille, la faiblesse et la crainte de disparaître. Mais un enfant qui a subi ou a été témoin de la violence paternelle vis-à-vis de sa mère, de ses frères et sœurs, peut vouloir contrer le rejet familial qui entoure le père, et lui venir en aide en s'identifiant à l'homme violent qu'il a pourtant vu à l'œuvre.

Christophe, 12 ans, dit à sa mère (ses parents sont séparés) : « Je t'emmerde, et si papa n'a pas pu te tuer, moi j'aurai ta peau[1]. » On comprend que cette mère, longtemps infériorisée par son mari, n'a aucune

1. *L'Enfer de la violence*, émission citée.

chance ni aucun moyen, étant donné la taille de son fils adolescent, de parer à une telle menace et qu'à partir de là elle vivra dans l'angoisse, n'osant rien refuser ni rien interdire à celui qui se prend pour le père!

Un tel comportement est souvent observé dans les familles monoparentales : Si les disputes qui ont précédé la séparation ont été empreintes de reproches à l'encontre de l'homme, l'enfant, par amour pour celui qui est absent ou pour protéger celle qui a été, croit-il, abandonnée, peut s'ériger dès l'âge de 7 ou 8 ans en despote de la famille.

Il est difficile pour un enfant jeune de ne pas se laisser imprégner par la violence ambiante dans laquelle il vit trop souvent et avant que d'incriminer la violence des jeunes il serait sage de jeter un regard sur les couples fragiles et explosifs qui entourent leur enfance.

CHAPITRE VIII

ARRÊTS SUR IMAGES

Incidence des médias : télévision, cinéma

« J'ai souvent fait, me dit-elle, ce même rêve qui m'inquiète chaque fois et me réveille brutalement.

« Je suis en train de marcher dans la lande quand tout à coup je tombe dans une sorte de puits dont je n'aperçois pas le fond. Je tombe... je tombe, et à mesure que je tombe je deviens transparente comme du verre; et quand enfin je touche le fond, je me brise en mille morceaux. Alors, curieusement sortis des parois du puits, des gens arrivent et se précipitent pour ramasser les morceaux. Affolée, je crie : "Laissez-moi vivre, c'est mes morceaux!" »

Étrange rêve fait par une anorexique aussi transparente que le verre; il ne nous échappe pas qu'il a quelque ressemblance avec la chute d'Alice (*Alice au pays des merveilles* de Lewis Carroll) qui la fait débarquer dans un autre monde plus vivant que le premier. Ce qui n'est pas le cas de cette patiente... Ce qui tendrait à prouver que les contes comme les cauchemars viennent de la partie la plus secrète de nous-mêmes et de notre inconscient dans lequel voisinent les rêves les plus fous et les réalités les plus cruelles puisque c'est le lieu secret où vivent tous les sentiments interdits, tous les actes sanctionnés par nos parents lors de notre enfance.

De là à penser qu'entre les fantasmes des contes de Charles Perrault et l'inconscient refoulé des enfants, il n'y a qu'un pas... Il y a belle lurette que la joie des enfants et leur inquiétude à la lecture des affreuses histoires de monstres et d'ogres créées par les adultes à leur intention n'étonnent plus personne; ils reconnaissent là-dedans quelque chose qui leur appartient, bien qu'ils ne l'aient jamais vécu réellement : la peur imaginaire commune à tous les êtres humains d'être dévorés par l'Autre, qui n'est que la projection à l'extérieur de la tendance à tout dévorer du bébé, *refoulée* dans l'inconscient depuis l'âge oral.

Le *refoulement* a pour caractéristique de maintenir en nous et à notre insu des pulsions venues directement de notre Ça et non admises à passer dans la réalité par le Moi ou le Surmoi de nos parents. Ainsi vivons-nous pour la plupart d'entre nous avec un inconscient rempli de peurs et de violences dont la clé est le refoulement. C'est ce qui rend compte du goût des enfants pour une émission télévisée du mercredi, « Chair de poule », où la peur est à son comble.

On a mis longtemps à admettre, à la suite de Freud et de sa découverte de l'évolution infantile et œdipienne, le fait que les têtes de nos chers bambins étaient pleines de monstres, de dangers, de peurs d'être abandonnés, emprisonnés, tués, etc.

Pourtant, les cauchemars des enfants à partir de l'âge de 15 mois auraient dû nous mettre sur la voie de ce qu'ils ont à affronter de terrible la nuit, dès que leur Moi conscient ne joue plus son rôle de filtre.

Les situations menaçantes que rencontrent les enfants durant la nuit ne sont pas dues à la fantaisie de leur esprit, ni au hasard de leurs connexions neuronales en liberté, car on retrouve les mêmes menaces, les mêmes poursuites angoissantes, les mêmes dangers de mort chez tous les enfants.

Le cauchemar est une mise en situation de sentiments et de peurs inconscientes refoulés le jour, qui recouvrent leur liberté la nuit. Exemple : l'enfant aurait voulu jeter une pierre sur un chien pour s'en défendre, la nuit c'est le chien qui bondit sur lui qui est sans défense... Il aurait voulu crever les yeux de son petit frère qu'il n'aime pas et la nuit c'est lui qu'un géant poursuit avec un épieu menaçant... Il est à noter que la violence refoulée du jour réapparaît la nuit avec déplacement sur un autre : ce n'est pas l'enfant qui est méchant, c'est le monstre!

La nuit apparaît, nous dit Freud, comme l'occasion de se décharger de ce qu'il y a de plus négatif et de plus angoissant en soi et le plus souvent nous subissons dans nos rêves ce que nous voulions faire subir aux autres dans la réalité de la journée.

Voyage dans le refoulé

Aussi bien les contes pour enfants que les romans noirs ou policiers pour adultes sont libérateurs du poids du refoulé au même titre que les rêves puisqu'ils font porter la cruauté, la violence ou le meurtre par un autre. Il semble que ni nuit, ni jour nous ne puissions assumer la responsabilité de la violence et du crime strictement interdits par des parents qui, parce qu'ils sont des humains, nous habituent à nous contenter de la mini-dévoration du baiser, de la mini-violence de la gifle et de la simili-mort du jeu de cache-cache qui à la fois angoisse et ravit le bébé et lui évite de croire à la disparition définitive du parent sur lequel repose son existence...

Cette attitude sociale déclenche chez l'enfant l'ambivalence entre haine et amour vis-à-vis de parents aimants mais jamais totalement satisfaisants, qu'il se refuse à perdre ou à tuer en tant que parents salvateurs et dispensateurs de plaisir.

Si dès les premiers jours, les premiers mois de notre vie nous souhaitons l'annihilation de l'Autre qui entrave notre satisfaction immédiate, plus tard dans la vie, lorsque nous pourrions le tuer parce que nous en avons la force, nous sommes tempérés par le phénomène d'attachement et d'identification à nos parents qui nous met définitivement du côté de l'humain avec le sentiment positif d'être comme eux et de ressentir les mêmes émois.

À partir de ce moment (vers 5 ans) il devient difficile d'anéantir un autre être humain, car la pitié se fait jour et c'est en apprenant à s'aimer soi-même – en tant que sujet aimé de ses parents – qu'on renonce à la disparition et de soi de l'Autre.

Nous savons que celui qui n'est pas aimé par ses parents ne s'aime pas lui-même et n'aime pas davantage les autres qu'il perçoit comme ne lui voulant pas de bien, à l'instar de ses parents. En cas d'anxiété extrême, cet être-là peut devenir dangereux pour les autres (d'abord) et pour lui-même (ensuite).

La plupart des parents, qui aiment leur enfant, lui manifestent leur amour et lui apprennent à manifester le sien sans passer par la dévoration orale primitive. Les parents ne se conduisent pas en ogres et leurs enfants non plus, tout cela est refoulé par le Moi qui déclare la dévoration entre humains interdite. C'est sans doute pourquoi les enfants, sécurisés par des parents aimants, apprécient tant les êtres imaginaires primitifs que sont les monstres, géants, dragons, ogres, sorcières, tous violents, impressionnants par leur taille et maléfiques, sans jugement (Moi) ni morale (Surmoi), appartenant à l'oralité puisque branchés directement sur les désirs du Ça, donc terriblement cruels et sans pitié qu'on rencontre dans les contes de fées.

Ce sont à la fois pour les enfants des images de parents dont la violence serait en liberté, pour les adultes des caricatures de la méchanceté et du sadisme (archétypes toujours vivants et refoulés au fond d'eux-mêmes), et pour les psychanalystes les représentants les plus véridiques du Ça inéduqué et sauvage.

La plupart des gens ne se comportent JAMAIS comme ces monstres mais il peut arriver qu'un humain mal aimé, peu humanisé par ses parents, ayant un Moi faible et un Surmoi inexistant, devienne un tueur ou un assassin sans pitié parce que sans identification à l'Autre...

C'est prendre le parti de l'anomalie psychique que de réaliser des films uniquement basés sur la cruauté, la sauvagerie ou l'indifférence comme le font Stanley Kubrick – *Orange mécanique*; *Full Metal Jacket* – et Luc Besson qui met en scène coup sur coup *Nikita* et *Léon*, le premier étant la figure de quelqu'un qui n'a que son Ça pour le faire vivre et qu'on oblige à s'en servir, le second film créant un personnage qui n'a apparemment pas d'identification humaine et vit isolé comme l'ogre, ne sortant que pour tuer... *Le Silence des agneaux* retrace l'itinéraire d'un homme sans Surmoi, devenu cannibale, une sorte de vampire silencieux, angoissant pour tout spectateur qui reconnaît là ce dont il a toujours eu peur de façon irraisonnée (donc inconsciente).

On voit bien que l'image intérieure de la violence et de la dévoration orale sommeille en chacun de nous, et peut se réveiller à l'occasion d'images que nous supportons et peut-être apprécions de voir, comme si nous n'avions pas le courage ou la permission de les imaginer... C'est ce qui explique le goût des adultes pour certains films dont nous parlerons plus loin et dont beaucoup portent la marque d'un Ça déchaîné, très éloigné des humains éduqués que nous sommes devenus.

Nos enfants seuls devant les monstres

Nos enfants, d'après la dernière enquête du CSA (Comité de surveillance de l'audiovisuel) qui remonte à 1995, visionnent le petit écran en moyenne deux heures par jour et plus encore le mercredi et le week-end. Durant ce temps ils avalent tout ce qui passe à l'écran ; or leur Moi n'est pas toujours assez formé pour prendre distance avec ce qu'ils voient (surtout avant l'âge de 6 ans).

Cette même enquête du CSA nous dit qu'il y a environ neuf séquences violentes par heure dans les fictions, lesquelles emplissent majoritairement les programmes pour la jeunesse. Par ailleurs les fictions américaines contiennent un taux de 65 % d'images violentes contre 19 % dans les fictions françaises. Ce même rapport nous dit que 45 % des émissions pour les enfants reposent sur des scénarios de violence. D'où nous concluons que 45 % des programmes destinés aux enfants s'adressent à leur Ça puisque les scènes de violences, dévorations et assassinats figurent largement et sont des choses de l'ordre du fantasme, interdites dans la vie.

On ne voit pas souvent la place du Moi adulte éducateur dans les séquences télévisuelles pour enfants et ceux-ci vivent tour à tour dans leur Ça, leur refoulé ou leur Moi conscient selon qu'ils regardent Dragon Ball Z, le Rebelle ou Mowgli ! (Cependant, depuis la parution de ce rapport, beaucoup de séries japonaises, dessins animés ou autres fictions ont été déprogrammés ou « censurés » par les responsables des chaînes de télévision.)

Les parents d'aujourd'hui, qui hésitent à corriger leurs enfants, les suppliant plutôt que de les faire obéir parce qu'ils craignent leurs réactions d'agressivité, les laissent tranquillement se gaver de télévision, donc de violence, pendant des heures pour avoir la paix.

Suite à ce comportement parental, l'enfant, certes, n'agresse pas ses parents, mais pendant des heures et des heures de télévision il accumule dans sa mémoire ce que l'on peut faire à celui qui vous contrarie ou se met en travers de votre route *et qui n'est pas le parent.* Ceci est très important : le Moi de l'enfant est conditionné simultanément par des parents qui refusent son agressivité et par la télévision qui la permet, la recommande et la déplace toujours ailleurs. Ce qui explique que la violence de l'enfant comme celle de l'adolescent soit *extérieure* à la famille.

Le Ça de l'enfant n'a pas l'occasion de se heurter aux défenses du Moi parental, puisque l'enfant voit *seul* la télévision. Plus les jeunes enfants voient seuls la télévision, plus leur Ça submerge leur Moi immature et moins ils s'humanisent par le contact réel et la parole avec l'adulte. Si nos enfants nous paraissent parfois insensibles et peu respectueux des autres, copains, parents, personnes âgées, c'est que nous n'avons pas fait le travail d'éducation nécessaire auprès d'eux et que nous avons peut-être même favorisé l'inverse : ils ont vu à la télévision trop d'adultes et de vieillards bousculés, piétinés, assassinés par de jeunes voyous qui s'amusaient bien !

Curieusement, M. Serge Siritsky, directeur général d'*Écran total*, dans une intervention au cours de ce colloque du CSA a posé la question : « Est-ce que montrer la violence a des effets néfastes sur les enfants, ou sur quelques catégories d'enfants, et dans quelles conditions ? Est-ce qu'il y a des différences dans les violences que l'on montre ? Est-ce que montrer quelqu'un qui tire sur des centaines d'individus dans une western banalise la violence ? [...] Est-ce que choquer les enfants est mauvais, ou n'est-ce pas au contraire les habituer à ce qu'est la vie? » Est-ce la vie qu'on voit dans les cruelles fictions japonaises?

Ce qui est choquant dans la présentation télévisuelle de la violence, c'est le matraquage systématique, rapide, et parfois sans suite logique des images qui ne donne pas le temps du jugement ni de la mise à distance. Ce qui est choquant également, c'est que le nombre d'heures consacrées à la violence est démesuré et n'a plus rien à voir avec la vie réelle.

Si autrefois on hésitait à parler de la mort d'un proche à un enfant avant ses 10 ans, aujourd'hui la mort n'est plus pour les jeunes téléspectateurs qu'un corps qui tombe sans éveiller chez eux aucune émotion. Avec un pistolet automatique, la mort devient automatique, elle est pour ainsi dire mécanique, et si aucun adulte n'est là pour exprimer un jugement moral et affectif, la mort peut devenir un simple jeu de gâchette, ce qui explique qu'aux États-Unis (où, dans certains États, la part et la circulation des armes sont libres), un enfant peut s'emparer du Colt 45 de son père et l'enfourner dans son cartable. Hélas, nous connaissons la suite. Nous nous souvenons de ces deux enfants de 14 ans qui, au Kansas, tuèrent à bout portant quinze de leurs camarades de lycée en mars 1998. L'Amérique eut un haut-le-cœur! Mais là-bas les enfants peuvent passer parfois jusqu'à sept heures devant la télé (enquête de l'Institut national de l'audiovisuel, 1997). En France, nous nous souvenons de Simone Auzou, épicière à Pavilly, près de Rouen, tuée en mars 1998 par trois jeunes garçons de 14 à 15 ans qui jouaient aisément du 357 Magnum!

Pour les enfants, beaucoup de choses se passent

d'abord virtuellement et puis un jour ils ont un flingue à la main et sans raison, sans haine, ils pressent automatiquement sur la gâchette et le coup part... Ils se retrouvent chez M. le Juge, inculpés à 12 ans ! Alors qu'ils ne pourraient pas assister sans émoi, sans angoisse et sans pleurs à la mort prévue de leur propre grand-père...

Ces enfants paraissent avoir une double personnalité : celle de la télé, d'une part, et celle de la famille réelle, d'autre part. Dès qu'il est question d'armes ils semblent devenir insensibles et prêts à les manier sans étonnement ni émotion alors qu'un vieux jean mis à la poubelle leur arrache des larmes.

Autrefois, la morale qu'apprenaient les enfants leur venait bien avant toute éducation scolaire ou religieuse de la famille, des grands-parents notamment qui leur racontaient et leur lisaient histoires ou contes terrifiants, mais toujours moralisateurs. Que sont devenues les grand-mères aujourd'hui ? Ce sont souvent des femmes jeunes et actives qui n'ont ni le temps ni l'envie de raconter des histoires, ni de critiquer le film en cours... L'enfant passant de ses parents à ses grands-parents ne trouve pas de différence, personne n'a de temps pour lui et on se contente de lui proposer soit un nouveau jeu électronique ou vidéo, soit d'allumer le petit écran des violences.

Enfants comme adultes peuvent à n'importe quel moment de la journée « ouvrir » le torrent sans fin de la télé et tomber sur un policier des familles *Walker Texas Ranger*, *Les Dessous de Palm Beach* dans lesquels il y aura encore des violences ou des meurtres sans aucune signalisation au coin droit de l'écran. L'enfant les regarde sans avertissement, ni méfiance, il y voit que la violence, qu'il ressent en lui, et qu'il refuse consciemment, existe bien à l'extérieur, pas dans sa famille, mais dans la ville, dans la rue, dans le village. À partir de là, il considère la violence et la mort comme faisant partie de la vie. Et ce ne sont pas les informations télévisuelles qui démentiront ce qu'il a vu dans les séries au cours de l'après-midi... D'après le rapport du CSA, un enfant qui passe deux heures par jour devant la télé, donc quatorze heures par semaine, a des « chances », s'il zappe quelque peu, de voir jusqu'à 150 meurtres en sept jours ! Et tout cela sans qu'aucun adulte prenne la peine d'en parler pour le condamner et mettre l'enfant en garde contre l'exagération des séquences violentes considérées comme divertissantes pour le spectateur.

La morale dans tout cela ? Totalement inexistante ! Il faudrait au moins que l'enfant regarde la télé jusqu'à 6 ans avec un adulte qui puisse porter un jugement ou une conclusion humaine ou morale sur tout ce que l'enfant voit pour l'empêcher d'avaler sans discernement. Ce serait la moindre des précautions éducatives !

C'est d'ailleurs ce que paraissent souhaiter les enfants eux-mêmes. L'enquête que L. Lurçat publie dans son livre : *L'Enfant fasciné*[1] révèle que 60 % des enfants interrogés préfèrent regarder la télévision « avec quelqu'un ».

---

1. Liliane Lurçat, *L'enfant fasciné, violences à la télé*, Syros, 1989.

Des images d'un autre monde

Que voient les enfants dans les programmes du mercredi créés pour eux? Des monstres guerriers autrefois japonais, maintenant américains ou français, en train de taper, cogner, tuer à grands coups de matraques ou en pressant d'un index déterminé le bouton exécuteur et clignotant de la mort, laquelle n'est pas discernable puisqu'il s'agit de robots, mais la disparition est concrétisée par un « splash » explosif que l'enfant, angoissé, attend avec délectation... Nous ne supporterions pas à l'âge adulte un tel spectacle, soûlant de bruits et de lumières, comme nos enfants le supportent, mais nous posons-nous souvent la question de ce qu'ils ressentent là? Ils ne sentent rien d'affectif mais vibrent d'appréhension dans l'expectative du bruit et de l'éclatement qui se manifeste par une sorte d'angoisse du corps qui sait qu'il va sursauter... Si l'on a inventé des robots à l'opposé de l'être humain pour distraire les enfants le mercredi, c'est bien pour que nos enfants restent étrangers à ces violences en tant qu'enfants. Ils voient des géants de fer batailler les uns contre les autres, personne n'a mal, personne ne saigne, mais n'importe qui peut s'effondrer, brutalement fauché par un éclair venu du ciel... L'objet de la bagarre? Le but de la brutalité? L'absence de femme? De tendresse? De pleurs? Personne ne se pose la question... Pourvu que l'enfant se tienne tranquille et ne dérange pas les parents, si fatigués, si énervés par leur journée de travail et leurs heures de transport. Il n'y a ni pornographie ni scènes amoureuses ou érotiques entre 7 et 8 heures le matin, pas plus qu'entre 16 et 21 heures, donc tout va bien, le petit n'apprendra pas ce qui n'est pas de son âge!

L'enfant regarde tout, avale tout et passe des heures à faire l'apprentissage de l'indifférence affective. La violence télévisuelle pour enfants ne s'adresse à personne, elle est violence pure. L'enfant devant la télé plonge tout droit dans son Ça! On ne lui offre ni univers affectif coloré de tendresse, ni sujet d'identification valable, tout ce qui peut humaniser un enfant est absent; avec ces robots glacés, ces visages déformés, il est dans un monde où exister c'est frapper, cogner dans le seul but de faire du bruit! Monde télévisuel régressif ou agressif, mais rarement humain. Proche encore des débuts informels de la vie où il est passé des bruits, énormes pour lui, des appareils digestif et circulatoire du ventre de la mère (comparables à ceux de cascades, à des éclatements, à des roulements de tonnerre, etc.) aux sons bruts et à la lumière éblouissante de la salle d'accouchement en pleine activité où tout éclate directement aux oreilles du bébé, le jeune enfant est brutalement ramené à tout cela et plus encore! Quelles sont ses chances d'évoluer positivement vers une identification humaine qui le rapproche de l'adulte responsable dans ces conditions?

Le petit garçon est celui qui veut juste être « le géant » qui gagne sur tout le monde et il a appris une seule chose dans sa journée télévisuelle : on avance dans la vie par la force du corps ou celle d'une arme ou d'une mécanique, pour obtenir on rackette, on arrive le premier parce qu'on a une grosse moto ou un super scooter des neiges ou une voiture dont les yeux énormes tournent dans les virages pour mieux voir la route. Il faut ajouter que ces images dites de fiction ne se passent pas dans notre monde journalier, mais sur une planète jamais vue dont les couleurs sont insolites et les nuits zébrées d'éclairs. La place de l'imaginaire à l'écran est plus puissante, plus éblouissante, plus terrorisante que dans n'importe quel conte, *Le Petit Poucet* ou *Barbe-Bleue.*

Nos très jeunes enfants vivent devant une télé qui les programme pour des mondes bien différents de celui dans lequel ils vivent. Ils dorment dans leur petit lit entourés, non pas d'anges, mais de guerriers à la musculture hypertrophiée ou de monstres futuristes, de posters aux représentations grimaçantes tirées, sans doute, d'un dessin animé japonais ou américain. Ce sont les nouveaux gardiens de leur inconscient ! Mais écoutez plutôt :

• Benjamin : « Oui, j'ai rêvé des dragons... ça fait peur parce que ça lance des flammes ! »

• Patrick : « Moi, je regarde tout le temps la télé... J'ai rêvé qu'y avait des méchants qui étaient dans mon immeuble et qui tuaient mon papa... Puis j'ai rêvé d'un robot qui cassait la maison » (rêve œdipien, certes !, avec contenu inconscient classique, se passant dans un cadre à base d'images télévisuelles).

• Martin : « C'était un rêve qui fait peur, j'avais même pas peur... On voyait des dragons, des monstres dans un dessin animé terrible dans "GI Joe [1]". » Les monstres imaginaires des contes, Martin savait qu'il pouvait les vaincre, parce que sa grand-mère lui avait

1. L. Lurçat, *L'enfant fasciné*, *op. cit.*

dit qu'un petit garçon avec son intelligence pouvait gagner sur un ogre ou une sorcière. Le « vilain petit canard », il le plaignait, il le reconnaissait, pour s'apercevoir finalement que toute différence (et tout enfant a des différences avec sa fratrie) n'était pas forcément dévalorisante et qu'il pouvait vivre heureux avec ses taches de rousseur...

Comment nos enfants qui vivent le mercredi dans un monde de fiction, peuvent-ils le jeudi trouver quelque intérêt au silence de la classe où un simple mortel leur apprend comment fonctionne le « vrai monde »? Ils n'écoutent que d'une oreille et ne regardent que d'un œil le tableau noir qui leur paraît bien fade, bien primitif à côté des tableaux de commandes multicolores des fusées supersoniques décollant pour la planète Krypton... Et il y a des gens pour s'étonner qu'à 8 ans la moitié des enfants ne sachent pas lire... et à peine moins à 12!

Fiction, réalité ou fantasme?

La violence à la télé suscite maints questionnements à propos de son incidence sur le jeune enfant. L'on peut penser, après tous ces exemples, que la télé ne crée ni ne suscite la violence; elle la « retrouve » au fond de l'individu où elle s'est établie depuis l'origine et où elle reste active sous forme de fantasmes, mais fantasmes mis à l'index. En revanche, la télévision a un effet sur la violence naturelle et existante de l'enfant :

— elle banalise ou anesthésie les réactions affectives normales de l'enfant devant un spectacle apocalyptique mais devenu trop habituel. On peut observer qu'autrefois les jeunes garçons jouaient à la guerre et à la mort avec des armes en plastique et que ceux d'aujourd'hui, à notre grand étonnement, ne paraissent pas faire de différence entre une vraie mort, donnée par une véritable arme, et une mort simulée au cours de leurs jeux...

— elle fait souvent régresser l'enfant vers le Ça inéduqué, inculte et sans signification humaine. Les tests de personnalité qu'on fait passer aux enfants montrent clairement qu'ils sont actifs, intelligents, logiques mais peu enclins à exprimer leurs sentiments (dont on leur a peu parlé) et « retardés » dans la compréhension des situations affectives humaines. L'absence de sensations réelles et le manque d'échange verbal avec l'adulte, ajoutés au matraquage par les images violentes, empêchent l'enfant de réagir en sujet autonome et ne favorise pas son évolution affective ;

— elle peut avoir un effet de redoublement sur les fantasmes terrorisants visant les proches ou l'enfant lui-même au cours des cauchemars œdipiens, ce qui peut occasionner des nuits plus agitées pour les parents et quelques angoisses supplémentaires pour les enfants déjà anxieux de nature.

La télévision, dans son ensemble, deviendra positive et formatrice pour l'inconscient de l'enfant dans la mesure où elle lui proposera des héros proches de l'humain (même des animaux parlants) et lorsque la violence et l'immortalité ne domineront plus le tableau ! Elle peut même devenir un instrument éducatif précieux en proposant le mercredi des films et séries adaptés aux besoins d'identification des enfants et dans lesquels la vie ne sera présentée ni comme un éden, ni comme un enfer.

Tenter d'apprivoiser la violence

Nombre de réalisateurs et de producteurs d'aujourd'hui paraissent nourrir l'obsession du *serial killer* « contemporain »; or c'est un individu de tous les temps, celui dont le Ça se déchaîne certains jours et qui se lance à la poursuite d'une proie, celle du jour n'étant jamais la dernière.

Luc Besson, Bertrand Blier, Oliver Stone, Stanley Kubrick et d'autres n'en finissent pas d'inventer des scénarios de plus en plus monstrueux ou pathologiques qui ne peuvent intéresser qu'une sorte de spectateurs, êtres au Ça hypertrophié, habités par des images de violence, de mort et de disparition qu'ils voient là, enfin sous leurs yeux.

Ces films réveillent les instincts sauvages, antisociaux et cruels de ceux qui n'ont pas été confrontés au Moi éducateur des parents, tellement absents dans la famille...

De même que Hitler avait un problème d'absence du père, donc de reconnaissance masculine, que Staline avait enduré le mépris paternel et que Franco avait vécu dans l'ignorance du sien, beaucoup de garçons aujourd'hui ne connaissent que la distance avec le père (divorcé, séparé, absent) et n'ont aucune défense solide à opposer à leur mère qui n'est pas pour eux un objet d'identification valable et qu'ils se doivent de rejeter seuls, sans l'aide du père.

La violence fait son apparition dans l'enfance et, comme nous l'avons vu, réapparaît, redoublée, à l'occasion de l'identification à la personne de même sexe, au moment de l'adolescence. Le cadre familial de l'adolescent (ce sont surtout des garçons qui manifestent de la violence et de la délinquance) apparaît alors comme dépassé, car plein d'une tendresse maternelle dont le garçon ne veut plus, la cherchant ailleurs... Pourquoi ne pas adopter ce monde télévisuel sans pitié et sans féminin?

C'est de cette violence transposée et vécue hors de la famille que certains adolescents ou jeunes adultes aiment à entendre parler dans des films tels que *Nikita*, *Assassins* ou *Tueurs-nés*...

Est-ce que ces films vont les libérer pour autant de leur propre violence? Non, car elle est structurelle, œdipienne, identificatoire et va rester là, malgré la montagne de corps brisés, comme, dans le film belge *C'est arrivé près de chez vous!* de Rémy Belvaux, André Bouzel, Benoît Poelvoorde (1992), les murs éclaboussés de sang, les cris mal étouffés. La violence est aujourd'hui une force inconsciente et souvent pathologique dont on ne se défait pas plus que Léon, dans le film de Luc Besson.

Autrefois, les conflits armés nous donnaient l'occasion de décharger cette force intérieure afin de nous défendre, puisque nous avions enfin un ennemi... Aujourd'hui, dans l'Europe civilisée dont nous faisons partie, traités, ententes et contrats ont remplacé les déclarations de guerre d'antan! Les conflits armés perdurent dans des pays sous-développés ou cosmopolites où la violence contre l'Autre s'autorise d'une justice très aléatoire. Dans ces pays on a toujours un ennemi quelque part et une rivalité à propos de quelque chose...

Ce n'est pas le cinéma et la télévision qui vont nous sauver de notre violence fondamentale, mais plutôt la pratique des sports, des jeux, de la chasse, des safaris et des raves parties... Et, bien avant tout cela, une éducation humaine avec des parents initiant leurs enfants aux frustrations et joies de la vie réelle... fortifiant donc leur Moi et diminuant d'autant... les dangers de leur Ça.

La violence de l'écran ne fait qu'accompagner notre propre violence qui ne trouve certains jours d'autre échappatoire que ce trou noir de la salle de cinéma où nous plongeons pour deux heures d'horreur.

CHAPITRE IX

VIOLENCE DE LA NON-VIOLENCE

Sectes et religions

Dans ce monde qui est en train de perdre toute certitude religieuse, politique, économique et paraît lancé dans l'aventure folle de l'Avoir et du Paraître au mépris de l'être, la violence émerge comme une constante, aussi bien en Europe qu'en Afrique, en Amérique, au Moyen-Orient ou en Orient. C'est la rançon de la prise du pouvoir par le capitalisme et l'argent.

En réaction à ce monde cruel qui piétine l'individu, certains ont choisi d'inaugurer une nouvelle façon de vivre, fondée sur des paramètres non violents : ils veulent vivre en laissant de côté la richesse, la compétition et surtout la violence. Dédaignant la civilisation matérialiste, ils appellent de leurs vœux un monde différent, supérieur, éthéré, qui aurait comme maxime éternelle : « Être et non pas Avoir. »

Adeptes du *New Age*, ils rejettent aussi bien le scientisme que la consommation effrénée, qu'ils veulent remplacer par une recherche constante ayant pour objet « le Soi ». Ce travail inlassable sur la vie intérieure, ce désir de libérer l'âme de la tyrannie du corps ne devrait-il pas être le rêve légitime de tout être épris de culture et de spiritualité ? C'est bien là le piège. Car ce « nouvel âge » venu d'Amérique, sous des dehors humanistes, est le pire ennemi des vraies valeurs de l'esprit européen.

Ce qui fait la « vieille » Europe, c'est son héritage gréco-romain, ses penseurs, ses philosophes, ses croyants, qui nous font tous frères même si nos histoires s'entrechoquent ou s'entrelacent depuis vingt siècles...

Entre notre héritage européen et la philosophie de l'immédiat prônée par le *New Age*, l'antagonisme est total.

Cette nouvelle philosophie de l'être née aux États-Unis dans les années 60, sur fond de guerre du Viêtnam, eut pour objet au départ le rejet des valeurs capitalistes de la société américaine qui contraignait les jeunes Américains à une guerre cruelle, dont la plupart contestaient et refusaient la violence. C'est donc contre la violence et la société de consommation matérialiste que l'« épanouissement de soi » s'imposa comme le nerf d'une révolution pacifiste.

La même forme de philosophie non violente apparut quelques années plus tard en Europe, sous la forme des groupes « hippies » qui, de 1965 à 1975, développèrent la fraternité en tout genre, entre jeunes de tous milieux et de toutes nationalités. Leur slogan n'était-il pas « Peace and Love » ?

Ces pacifistes rêvaient d'abattre la tyrannie de l'argent et du pouvoir capitaliste et imaginèrent qu'en franchissant ensemble les limites du Moi égoïste, ils atteindraient une sorte de fraternité idéale, favorisée par le retour à la nature et la consommation de drogues douces.

S'infiltrait avec la drogue le moyen d'abattre « les limites du Moi » afin de mieux rejoindre l'Autre... L'Ego, mur invisible qui nous protège les uns des autres et nous évite la folie d'une pensée unique, est mis violemment en question par les new-agers qui voient en lui l'empêcheur de la symbiose universelle ! Or se confronter, s'opposer, mais ne jamais se mélanger, tel est le diktat individualiste de tout philosophe, penseur ou psychanalyste européen.

Ce « nouvel âge » fraternel et souriant, qui se fait fort de briser l'Ego de chacun, porte en lui tous les traits que l'on retrouve dans les sectes totalitaires. Celles-ci abritent tous ceux qui, ne pouvant changer le monde, espèrent changer de monde et quitter un univers d'individus et de violence, pour un autre, tout de fraternité et de générosité.

Pour quitter l'ancien monde et adhérer au nouveau, il n'est question de rien moins que de « transformation de la personne » ou d'« élargissement du Moi », ou d'« effacement des limites de l'Ego », somme toute de tout ce que nous avons sauvegardé, grâce aux droits de l'homme, depuis des centaines d'années en Occident. N'est-ce pas un projet subjectivement « violent » que cette annihilation d'un Sujet fait d'historicité et de sentiments, pour en introduire un « autre » fait d'immédiateté et de sensations physiques partagées ?

Violence et rupture

Pour opérer cette transformation de l'être, l'adepte doit se mettre en situation, c'est-à-dire commencer par renoncer à tout ce qui fut sa vie, ses amours ou ses haines : il faut impérativement quitter les siens, première violence que l'on se fait et surtout que l'on inflige aux autres. Cette rupture ne peut représenter pour les parents que le signe de l'échec familial et la condamnation de ce qui a été vécu ensemble. Ce qui est commun à l'entrée en religion du novice et à l'entrée d'un adepte dans une secte, c'est la violence!

Aujourd'hui, comme autrefois, toute entrée dans un couvent ou une secte suppose une mise à l'écart de la famille d'origine pour une autre famille idéale. On part pour mieux aimer ou pour mieux se développer auprès d'autres gens, avec d'autres techniques, ce qui est dire que, dans sa famille, on n'a pas pu Être. Il s'agit bel et bien, d'un mouvement de violence existentielle, sous couvert d'un choix « non violent ».

Voici ce qu'en pense et en écrit Isabelle Sebagh, dans son livre *L'Adepte*[1].

« Le mur d'incompréhension qui nous sépare est trop solide pour espérer y creuser la moindre brèche. Mes parents attendaient de moi que je leur ressemble, je n'en ai jamais été capable. Dès que je n'agis pas comme eux, ne pense pas comme eux, ils me sermonnent. Se sont-ils jamais vraiment intéressés à moi? À ce que j'aime? Leur seule préoccupation est que j'aie l'air normale, que je vive une vie normale, à

1. Éditions Le Comptoir, 1996.

l'image de la leur. Mais ce mot m'effraie, il contient tout ce que j'exècre[1]. »

Mais le reniement caché – parfois même aux yeux de celui qui le pratique – est violent et agressif pour des parents qui le reçoivent comme une gifle terrible. La violence est ici psychique et la protestation des parents inutile, interdite, puisque l'enfant prétend qu'il sait où est son bien : ne l'a-t-on pas mis au monde pour cela exactement ?

La deuxième violence concerne l'adepte lui-même, qui, après avoir quitté sa famille d'origine, doit faire partie d'une autre famille tout aussi rigide, parfois plus contraignante encore. Le new-ager venant d'échapper à la *prison séparatiste* de l'unité familiale entre dans une *autre prison*, la secte, édifice holistique par excellence, où la pensée unique et les sensations partagées par tous en sont l'assise même.

Les adeptes croyant avoir conquis la liberté se retrouvent enfermés dans leur nouvel univers cosmique obligatoire : tout est à tous et tout est en tous, donc JE SUIS TOUT ET TOUT EST MOI.

Plus d'éprouvé personnel dans une secte, plus de pensée individualiste et, parfois même, plus d'orgasme personnel, tout doit être vécu en communion avec les autres. C'est la fin de la liberté et la mort de l'individu.

Revenons au témoignage d'Isabelle. « Les filles intensifient leur respiration. Leurs corps, ondulant sous l'effet du plaisir, se cabrent. Osi, vêtu d'une combinaison bleu ciel, encourage les mutantes. Au moment du paroxysme, juste avant le cri évocateur, il

1. *L'Adepte*, *op. cit.*, p. 51.

les tient dans ses bras, une à une, cueillant ainsi ce qu'il nomme “la rose d'Éros”, sa fleur fétiche[1]. »

Ainsi, on peut, au nom du partage et de l'égalité entre tous, aller jusqu'à pratiquer une sexualité de groupe qui *viole* l'individu et nie la communication amoureuse duale, pour s'identifier faussement à tous les autres.

Tuer la culture

L'esprit « nouvel âge » attire à lui un nombre croissant d'adeptes. Selon certaines estimations, 15 millions d'Américains seraient actuellement impliqués dans ce mouvement dont l'essor est repérable en France depuis la fin des années 80, c'est-à-dire le moment de la décadence de la pratique religieuse dans la vie des individus, révélant la disparition de la croyance en un dieu surnaturel et tout-puissant...

Une association comme Nouvelle Acropole, qui est implantée dans cinquante pays, compte 10 000 adhérents en France, Méditation transcendantale revendique près de 50 000 « méditants », les Témoins de Jéhovah 120 000[2].

Pour les adeptes, il ne s'agit en effet pas de croyance. Il s'agit surtout pour eux de vivre cette transformation du « ressenti » – comme ils disent. C'est pourquoi le « nouvel âge » propose d'innombrables conférences, stages, séminaires, qui sont l'âme

1. *L'Adepte, op. cit.*, p. 136.
2. *Le Monde*, « Dossiers-Documents », décembre 1997.

du mouvement. L'éclectisme y est frappant, on y marie les philosophies, les disciplines, les thérapies les plus disparates. Le public du « nouvel âge » est à la recherche d'une vérité, d'un remède au vide intérieur, à la violence et au désarroi qui règnent dans les sociétés avancées, et tout tourne autour de la « transformation de la personne », de l'« éveil de la conscience », de l'« élargissement des sens », de l'« harmonie avec le cosmos ».

Nous avons le choix entre le rebirth, l'hypnose, le yoga, le lying, la méditation transcendantale, le taï chi, la régression dans des vies antérieures, le voyage astral, ou la sortie hors du corps. Occidentaux, la pensée philosophique et cartésienne est obsolète !

Pour faire cohabiter l'Orient et l'Occident qui sont deux civilisations historiquement fort différentes, il est nécessaire de rester dans un certain flou doctrinal, car il n'est question de rien moins que de *trahir* la pensée orientale et de *tuer* la philosophie occidentale !

Le monde du Verseau n'a pas besoin de nos grands penseurs : Kant, Hegel, Marx, Freud, n'a pas besoin non plus de se référer au christianisme, ni à la civilisation grecque, latine, ni au Moyen Âge, à la Renaissance, au romantisme, tout se ramène à l'*INSTANT*, et l'instant c'est vous, c'est moi, en dehors de tout historique culturel !

Le « nouvel âge » jette l'anathème sur la raison occidentale. Ce n'est plus « je pense donc je suis », comme l'axiome d'une vie humaine, mais « je ne suis pas si je suis hors du ressenti ». C'est une tractation dangereuse entre pensée logique et ressenti intuitif.

Et sous prétexte de mener l'adepte jusqu'à la perte

de l'état de conscience et de jugement recherchée, on lui applique des techniques physiques et psychiques que, sous d'autres cieux et à d'autres moments, on appelle torture ou pénitence : je veux parler du jeûne, de la réduction de l'alimentation, de la privation de sommeil que l'on retrouve dans presque toutes les règles régissant les communautés aussi bien religieuses que sectaires.

« Sous des apparences saines, le végétarisme n'est pas anodin. Ce n'est pas un hasard si toutes les sectes imposent ce type de discipline à leurs adeptes. Le passage brutal à un régime végétarien peut donc entraîner une baisse progressive de la volonté du sujet. Le végétarisme, en diminuant la combativité de l'adepte, conditionne et prépare son esprit à la manipulation mentale [1]. »

« Les troubles psychiques qu'entraîne la privation de sommeil peuvent aller jusqu'à une véritable psychose. L'adepte, à l'origine sain de corps et d'esprit, devient alors un malade mental. Sa psychose se caractérise par la perte du contact avec le réel et l'altération foncière du lien interhumain [2]. »

Ne s'agit-il pas là d'une violence faite à l'esprit?

Annihiler la pensée

Il est frappant d'entendre quelles injonctions sont données aux néophytes de la Méditation : « Faites

1. *L'Adepte, op. cit.*, p. 46-47.
2. *Ibid.*, p. 232.

taire le brouhaha de la pensée », ou « arrêtez le moulin à paroles », ou « renoncez au langage intérieur polluant », tout est fait pour disqualifier la pensée cartésienne et mettre en exergue la « sensation pure ». Aucune phrase, aucun mot, finalement, n'est propre à exprimer le « ressenti de la globalité de l'être » et l'adepte se réfugie donc dans le silence, s'efforçant de *tuer* sa pensée propre.

Silence comparable à celui exigé des moines afin qu'ils délaissent les affaires du monde et se consacrent au dialogue avec un dieu invisible.

Les sectes seraient-elles des religions dont la caractéristique serait d'avoir *pour centre l'homme lui-même* et, voulant s'éloigner d'un monde agressif et séparatiste, l'individu ne se retrouve-t-il pas, après un itinéraire compliqué, neurone du vaste cerveau planétaire qu'est Gaïa, la Terre, et enrôlé à son service, aux écoutes des messages telluriens qui lui parviennent, le plus souvent par l'intermédiaire d'un gourou qui se prétend le récepteur désigné de cette sorte de message ?

Aux yeux du « nouvel âge », il n'est permis à aucun homme de penser par lui-même ou pour lui-même. La pensée englobante est la seule tolérée et on doit y souscrire par tous les moyens ; aucun autre système de pensée tant soit peu élaboré n'a droit de cité. Terrorisme de l'esprit au sein d'un monde holistique où l'adepte se retrouve prisonnier, à son corps défendant, de la pensée d'un seul, le gourou, qui est loin d'être un dieu...

Un esprit occidental refuse d'admettre qu'une destinée humaine puisse échapper à la question universelle et métaphysique de l'existence pour se contenter de l'« ici et maintenant », trop simpliste.

Si la transcendance est partout, elle n'est nulle part : un monde sans quête de l'infini est un monde sans inquiétude, sans questionnement, sans philosophies et, partant, un monde végétatif, mort pour l'esprit : la mort est le seul avenir de l'homme qui n'a plus rien à attendre ou à découvrir, ni à rêver ici-bas.

Un bonheur qui mène à la mort

Les meurtres collectifs successifs de l'OTS furent la réponse désespérée que trouvèrent au bout du chemin ceux qui avaient eu la faiblesse de se prendre pour des élus du Cosmos, à qui aurait été confiée la garde du Saint-Graal lui-même. Leur « maître », Jo di Mambro, les condamna à une fin horrible, faute de pouvoir mener la supercherie plus loin : le 5 octobre 1994, en Suisse, à Grandes-sur-Salvan et à Cherry, furent retrouvés les corps de 59 adeptes « assassinés-suicidés », criblés de balles et roulés dans des linceuls de plastique... Précédant ce massacre, une autre tuerie, au Canada, avait causé la mort de 5 personnes, dont un bébé de trois mois, cruellement transpercé de cinquante-quatre coups de couteau et d'un long pieu enfoncé dans son cœur. En 1995, les cadavres carbonisés de 16 adeptes de la même secte furent trouvés dans le Vercors.

Des sectes qui prêchent la non-violence et déclenchent des massacres, nous en connaissons depuis longtemps. Aurions-nous oublié que le

18 novembre 1978, 923 personnes appartenant au « Peuple du temple » se donnèrent volontairement la mort, collectivement persuadées de rejoindre plus vite le grand TOUT, dans la jungle sud-américaine de Guyana ? Souvenons-nous de la mort, en avril 1995, de 88 davidiens dans un affrontement terrible au sein de la secte à Waco, au Texas. Nous n'en finirions pas, si nous voulions citer toutes les morts collectives : 11 membres de la secte Move à Philadelphie, en mai 1985, 60 morts par suicide à Mindanao, Philippines, en 1985, 32 à Séoul en 1987, etc.

Cela n'est pas sans rappeler les exactions des différents partis totalitaires qui ont sévi pendant le XXe siècle et dont seuls la raison cartésienne et les intellectuels nous ont aidés à nous libérer. Considérant l'histoire européenne depuis un siècle, on s'aperçoit que la lutte contre le totalitarisme et sa domination a mobilisé bien des intellectuels qui, par leurs critiques et parfois leur engagement politique, ont fait obstacle à tout système de pensée unique. La leçon qui nous en reste, c'est que tout ordre socio-politique fondé sur une métaphysique de la TOTALITÉ et de l'UNITÉ porte en lui les germes propres à détruire la démocratie. Toute philosophie qui dissout le particulier dans le *tout* aboutit aux camps de concentration... Le mythe unificateur de Gaïa, sous des dehors pacifistes, est de même nature que les grandes espérances qui soulevaient les masses à Nuremberg. La seule différence réside en ce que le « nouvel âge » n'exalte pas une race ou un peuple, mais la masse humaine tout entière, réunie dans le culte de Gaïa et prête pour l'aventure du « fascisme planétaire ».

Mais où une pensée si dangereuse pour l'esprit a-t-elle puisé ses fondements ? Curieusement, les sectes répondent à des besoins essentiels d'individus en proie aux plus grands doutes – et nous sommes nombreux dans ce cas en cette fin de XXe siècle, où le pouvoir matérialiste devient le seul vrai pouvoir cosmique.

Si avec le « nouvel âge » l'astrologie s'empare de la réflexion historique, il faut convenir que le terrain était propice car il n'y avait en face aucune théorie solide rendant compte de l'histoire politique, économique et religieuse de la planète. Nous avons assisté au cours des dernières décennies à un écroulement spectaculaire du christianisme historique et des grands systèmes d'explication sociologique – pensons au livre de Karl Popper, *Misère de l'historicisme*[1].

La prestigieuse philosophie hégélienne appartient désormais au passé, il en va de même de la philosophie de Kant. Il ne nous reste que celle de Nietzsche, autant dire celle du désespoir ! Le matérialisme historique pensé par Marx a lui aussi vécu après avoir fait couler beaucoup d'encre et surtout beaucoup de sang, sans parler du national-socialisme de Hitler que nous avons payé si cher en vies humaines...

Profitant du vide existant, les sectes du « nouvel âge » n'ont aucun mal à imposer leurs spéculations astrologiques fantaisistes à propos de l'ère annoncée du Verseau.

Leur doctrine, qui a l'air de répondre actuellement à la demande de sens qu'éprouvent les hommes, est à l'opposé de tout ce qui a représenté la pensée jusqu'à

1. Karl Popper, *Misère de l'historicisme*, Pocket, 1988.

nos jours et nie toute existence à l'héritage soit cartésien, soit freudien.

Ego freudien contre totalitarisme sectaire

La psychanalyse est le champ même de l'Ego le plus secret et si sa déviation première peut être un individualisme à tout crin, elle ne risque à aucun moment de nous entraîner ni vers la pensée unique ni vers l'annihilation du Moi dans le Nous collectif.

Les psychanalystes sont les premiers à protéger l'individu en tant que sujet unique et lieu de parole originale, ne craignant rien tant que l'écroulement des limites du Moi qui rend l'être humain fragile et psychiquement dépendant de l'Autre, prêt à en devenir l'esclave.

Le propre du psychotique est en effet « d'être l'Autre » et c'est ce qu'on propose, ce qu'on demande dans une secte, cela rendant compte pour beaucoup du mode de recrutement propre à ce genre d'association et de l'éclatement violent de ladite association sous le coup du délire, quelques années après.

Le voyage prévu par les new-agers pour le siècle de demain passe par la *reddition de la conscience, la mort de la littérature, l'enterrement de la poésie et le massacre de la métaphysique*. Tout cela n'est-il pas violent? Terriblement violent? Et tellement inquiétant! Si nous acceptons de faire partie de la conscience universelle, ce sera la conscience cosmique qui remplacera notre propre Ego. Rendus « prisonniers » d'une seule pensée trop générale qui interdira de sauvegarder l'identité de chacun, NOUS NE SERONS PLUS !

Avec Freud, névrosé ou pas, chacun garde son individualité et la couleur de son inconscient ; avec le New Age, c'est l'idée même de sujet qui disparaît, l'homme fait partie du cosmos et en devient simple élément, infime particule...

Dans notre philosophie occidentale, il n'y a rien de comparable à ce rêve insensé et méphistophélesque d'un bonheur parfait à découvrir dans l'instant. Toute la littérature et la poésie nous racontent l'aventure d'un homme inquiet et insatisfait qui cherche le bonheur et ne le trouve pas. C'est ce « manque » qui stimule notre imagination, notre créativité. Le New Age, lui, vient nous parler de jouissance totale et cosmique ; cette plénitude facile nous apparaît comme insondable pauvreté. Un des livres du New Age porte ce titre : *Transformez vos désirs en réalité* (Richard Khaitzine). Mais quand on a rempli toutes ses aspirations, où est le désir ? Est-on encore un être humain ? Quand tout désir est satisfait, que reste-t-il à atteindre pour le Moi ? Et si le Ça expression de notre libido s'imposait et demandait notre suicide ? C'est ce dont nous sommes régulièrement témoins à travers les fins collectives, meurtrières et programmées de toutes sectes.

« Père, pourquoi m'as-tu abandonné ? »

Celui qui rentre dans une secte se trouve tout à coup nanti d'une famille, de frères et de sœurs et surtout d'un père en la personne du gourou. Les prêtres se disaient les fils de Dieu, les gourous ne sont les fils de personne et improvisent le rôle de père. Ils ne donnent pas, dans leur ensemble – c'est le moins qu'on puisse dire – l'image de pères sages et justes, mais plutôt de pères névrotiques, vindicatifs, autoritaires et délirants ; eux-mêmes les fruits d'une société qui les a malmenés, peu aimés, ils sont capables de tout pour se faire aimer, reconnaître et obéir, appeler « Maître ». Cela donne lieu à toutes sortes de variations selon l'individu : certains s'assurent le pouvoir en privant les autres de nourriture ou de sexe, qu'ils conservent pour eux-mêmes, s'adjugeant la propriété de tous les corps des adeptes, et réservant l'exercice du tantrisme ou du coïtus interruptus à leurs adeptes.

D'autres tombent dans des pratiques sadiques, n'ayant rien à voir avec la paternité mais relevant du satanisme et de la cruauté. D'autres s'attaquent plus particulièrement aux enfants, qu'ils estiment ne pas devoir être plus heureux qu'ils ne le furent eux-mêmes. On est étonné de la méchanceté et des sévices pratiqués, dans de nombreuses sectes, à l'encontre des enfants. Or, justement, ces enfants ne sont pas là volontairement et la justice voudrait qu'on reconnaisse leur innocence et leur impunité jusqu'à un âge où ils pourraient choisir eux-mêmes leur route.

Mais de justice, il n'y en a pas dans ce monde des sectes où l'un est entré pour avoir enfin un père, pendant que l'autre est venu pour se sentir enfin « maître », lui qui a vécu en général un esclavage, quelque part dans sa famille. Chacun est là enfermé dans son rôle et tient à récupérer la partie absente de lui-même.

Ce besoin d'être l'enfant demeure chez ceux qui n'ont pas eu de père signifiant ni de Dieu : un gourou qui sait ce qu'il veut et qui propose de travailler à une reconstruction de l'être a toute chance d'être entendu, puis respecté, puis craint, tant le besoin d'avoir un père, un guide est prégnant en ce moment chez nombre d'individus. Pourtant le compliment est rare, la sanction sévère et les conditions de vie journalières difficiles, mais on a un père !

« Mon intégration commence par la suppression des repas pris autour d'une table, trop souvent synonymes de conflits familiaux. À Synthésis, nous mangeons debout dans la cuisine... Personne ne s'attarde sur ses problèmes personnels. Évoquer le passé pour les mutants que nous sommes est mal venu : c'est signe de faiblesse et de régression. Ici on ne parle que d'ascension. [...] Je suis bien consciente que ma nouvelle joie de vivre, je la dois à Osi [...]. Par son enseignement, il est devenu un père d'emprunt [...] » *L'Adepte, op. cit.*, p. 79).

Écoutons Thierry Huguenin, membre de l'OTS : « On était complètement habités par le personnage Jo di Mambro. Un enfant croit en son père ; nous, on avait un père pour 50 personnes [1]... »

Et sa femme de raconter : « Vous vous imaginez dans quel état de fatigue nous étions ? Nous étions complètement abrutis. Nous perdions tout discernement, tout libre arbitre. Nous nous référions uniquement à ce que disait Jo. Il piquait des colères mons-

1. France 2, 1996.

trueuses pour un oui, pour un non, c'était caractériel. Nous avions peur de lui[1]. »

Toujours cette recherche du père, du maître qu'on aime au début, qui fait peur à la fin, parce qu'entre-temps s'est produite l'escalade du sadisme, le gourou se révélant névrosé, psychotique ou paranoïaque (délirant).

Mais si on réfléchit un peu, on s'aperçoit qu'il y a longtemps qu'on parle de père et de père sévère (Lacan), depuis l'histoire de celui qui n'a eu qu'une mère : Jésus. Son père à lui était toujours ailleurs, plus haut, plus loin, demandant des choses de plus en plus dures, jusqu'à prendre la vie de son fils en échange de nos péchés. Mais avions-nous demandé quelque chose ? Voulions-nous être rachetés ? Élevés dans l'histoire de cet homme, le Christ... à la recherche de son père ?

Christianisme et violence

Il est dans notre culture d'Occidentaux et de gens de tradition judéo-chrétienne de vouloir comprendre le monde qui nous entoure par la philosophie, la métaphysique ou la mathématique, afin de pouvoir l'organiser et le dominer. Mais devant des phénomènes aussi inexplicables et puissants que ceux qui régissent le Cosmos, force nous est d'imaginer un monde supérieur, à qui appartient la Terre dont le genre humain n'est qu'un des éléments vivants.

1. *Marie-Claire*, décembre 1997.

La plupart de ceux qui croient aujourd'hui en Dieu s'appuient sur le fait que tout étant la suite de quelque chose et rien n'existant de façon spontanée, il faut bien croire qu'il y a eu un début, une pensée, un plan à l'œuvre et que le premier de tout ce monde est celui qui l'a créé : Dieu. Nous voilà partis pour lire dans la Bible « la création du monde en six jours » puis la création de l'homme et, enfin, le déluge destructeur de tout ce qui avait été jusque-là.

« Yahvé vit que la méchanceté de l'homme était grande sur la terre et que son cœur ne formait que de mauvais desseins à longueur de journée [...] et Yahvé dit : "Je vais effacer de la surface du sol les hommes que j'ai créés" » (Genèse, VI, 5).

Mais ne croyons ce récit ni unique, ni original : nous retrouvons à peu près dans le même ordre les mêmes événements dans le mythe babylonien, chez les Mayas, les Aztèques, les Égyptiens, les Grecs, et la version hébraïque de l'Ancien Testament n'est jamais que la dernière, avant notre ère, d'une suite de mythologies.

Toute l'histoire du monde commence donc par une création mythique venant de dieux plus puissants que les hommes et les créant pour les assujettir : dans toute religion, il y a un ou des pouvoirs suprêmes dont dépendent les hommes pour leur vie comme pour leurs lois, dieux auxquels ils doivent offrandes et sacrifices. Dans la Bible, nous sommes effrayés devant l'ampleur de la soumission demandée par Yahvé à Abraham : « Prends ton fils, ton fils unique que tu chéris, Isaac, et va-t'en au pays de Moriya, et là tu l'offriras en holocauste sur une montagne que je t'indiquerai... » (Genèse, XXII, 2).

Il faut reconnaître cependant à la religion son caractère civilisateur et social, destiné à faire régner un certain équilibre et une certaine paix entre les hommes, dont le premier principe n'est pas forcément l'entente fraternelle mais plutôt la guerre. Tous les mythes, même ceux écrits quatre mille ans avant notre ère rendent compte du monde précédant la venue de l'homme comme tranquille, sans bruit et sans désordre.

Lorsqu'en haut les Cieux n'étaient pas nommés
Qu'en bas la Terre n'avait pas de nom,
Que même l'Apsou primordial, procréateur des
[dieux,
Moumou Tiamat qui les enfanta tous
Mêlaient indistinctement leurs eaux...

L'Enouma elish,
poème cosmogonique de Mésopotamie

Voici le récit du temps où tout était en suspension, tout calme, tout en silence, tout immobile, muet et vide dans l'extension du ciel. Ceci est la première expression, la première parole. Il n'y avait encore ni hommes, ni animaux, ni oiseaux, ni poissons [...], *ni forêts : seul le Ciel existait.*

Popol Vuh,
livre des Indiens Mayas Quichés

Ce roi a été mis au monde dans le Noun, alors que le ciel n'existait pas, alors que la terre n'existait pas, alors que rien n'existait qui fût établi, alors que le désordre n'existait pas...

Textes des pyramides,
Égypte, 2 500 av. J.-C.

Mais une fois l'homme créé (les dieux mayas s'y reprirent à trois fois), il semble ne pas être aussi parfait qu'on s'y attendait et les dieux, à cause de la terrible « rumeur » qui monte jusqu'à leurs oreilles, décident de l'exterminer à travers un monstrueux déluge que l'on retrouve dans l'Ancien Testament comme dans presque toutes les cosmogonies connues.

Ce déluge, qui permet la disparition du premier homme insatisfaisant pour que naisse le second, n'est-il pas le symbole de l'écoulement des eaux utérines qui précède la venue au monde d'un enfant, le rêve devenant réalité? À partir de là, l'homme peut enfin « croître et se multiplier », car il a reçu le baptême de l'eau et il a survécu (le baptême catholique ou hébraïque, les ablutions rituelles islamiques ne sont-ils pas le passage obligé pour faire partie des élus qui ont communication avec Dieu?)

Tout cela nous prouve à quel point les religions antiques et actuelles sont le fruit de l'inconscient collectif et reproduisent l'énigme de la naissance de l'homme, la problématique de ses amours et de ses haines – la religion catholique étant de loin celle qui a fait le plus appel à l'amour, comblant les manques infantiles et les abandonnismes les plus cruels par l'invention d'un dieu fait homme, appelant les hommes à s'aimer, tout en lui gardant le visage d'un dieu antique, violent, exclusif et jaloux : Yahvé.

On ne saurait s'étonner des hérésies et des guerres religieuses que cette idéologie double fit naître entre les individus, les castes, les régions et les contrées! Car une même religion pouvait soutenir les plus pauvres en tant que frères du Christ et faire du roi son plus fidèle représentant, en tant que descendant de Dieu. L'un – le pauvre, – le faible vivant sur le versant christologique du pardon, de l'amour et l'autre – le puissant – exploitant le côté paternel, sévère et juste de Dieu le Père : finalement c'est une religion qui pouvait faire l'affaire de tous et c'est ce qu'elle fit pendant vingt siècles !

Pour ce qui est des religions précédant notre ère, et dont les traces nous ont été laissées sur des tablettes mésopotamiennes d'argile vieilles de cinq mille ans, nous savons que la plus ancienne religion connue au monde fut une religion anthropomorphique, avec des dieux à peine différents des hommes, se disputant femmes et pouvoir. Il en fut de même chez les Grecs, où l'Olympe était le théâtre de disputes, de jalousies et de meurtres, les dieux n'étant pas meilleurs que les hommes.

Les religions sont un parfait miroir de notre inconscient collectif et reflètent une violence et une cruauté, voire une xénophobie, tout à fait contemporaines.

Le nommé Xecotcovach, creuseur de faces, vint alors et leur creva les yeux ; puis Camalotz, chauve-souris de la mort, vint aussi et les décapita ; quant à Cotzbalam, il dévora leurs chairs... Ils furent réduits en poudre pour leur châtiment, pour avoir oublié leur père et leur mère, et le cœur du ciel nommé Hurucan.

Popol Vuh, *livre des Indiens Mayas Quichés.*

L'Ancien Testament est-il moins cruel ?

Ainsi parle Yahvé, le dieu d'Israël : ceignez chacun votre épée sur votre hanche, allez et venez dans le camp et tuez qui son frère, qui son ami, qui son proche [...]. *Les fils de Lévi firent ce que Moïse avait dit et du peuple il tomba ce jour-là 3 000 hommes* (Exode, XXXII, 27-28).

Et que dit le Nouveau Testament ?

N'allez pas croire que je sois venu apporter la paix sur la terre ; je ne suis pas venu apporter la paix mais le glaive. Car je suis venu opposer l'homme à son père, la fille à sa mère et la bru à sa belle-mère : on aura pour ennemis les gens de sa famille (Matthieu, X, 34-36).

S'il y avait un prophète, aujourd'hui, n'écrirait-il pas les mêmes choses, ne décrirait-il pas la même sauvagerie, celle du Rwanda, de la Bosnie, de l'Algérie ? Et ne nous parle-t-on pas sans arrêt de « nettoyage » ethnique, qui ramène la tuerie à un devoir d'élimination des impurs comme du temps des cathares, comme du temps du nazisme, comme du temps des goulags ? De tout temps même les dieux antiques ont prouvé qu'ils ne supportaient pas la « différence de sang » avec l'autre et si les Incas et les Juifs furent de terribles nationalistes et d'odieux racistes, les Hutus et les Serbes le sont aussi. N'en sera-t-il pas toujours ainsi de ceux qui se réfèrent à la cruelle histoire du Deutéronome (juifs, chrétiens, musulmans) ?

Le contrat de l'Ancien Testament est le même pour les trois religions monothéistes d'Europe, et c'est un contrat de terreur, de sacrifice et de guerre à l'« étranger ». Ce n'est qu'à partir de la venue du Christ qu'advient un intercesseur entre Dieu et les hommes, introduisant un autre rapport avec le dieu invisible. Jésus est assimilable au héros civilisateur des autres religions, il vient pour sauver l'humanité de la cruauté de Yahvé, comme Gilgamesh chez les Mésopotamiens, Kukulcan chez les Mayas, ou Manco Capac chez les Incas.

C'est à partir de lui qu'un symbole pacificateur est introduit entre Dieu et les hommes, la croix, symbole sacrificiel par excellence... Crucifixion qui, chaque année, reprend vie sous forme des rites pascals qui retracent, tout au long de la semaine sainte, l'histoire tragique du héros civilisateur du monde chrétien !

Cruauté et violence reprises dans le châtiment de la flagellation imposé dans certaines religions : la « faute » du Ça qui veut tout avec violence, en imposant une autre violence qui incitera à réfléchir et à renoncer au « désir » de violence premier de l'individu. Cruauté de la charia musulmane : celui qui vole a la main coupée, celle qui couche avec son beau-frère sera lapidée, de la religion catholique qui oblige ceux qui choisissent Dieu à renoncer au sexe. Car n'est-ce pas là un acte sacrificiel fait pour rapprocher l'homme de Dieu ? Celui qui n'a pas de corps.

L'homme de Jésus-Christ, le prêtre (de plus en plus rare) est un être qui, parce qu'il aime Jésus et veut conserver un lien permanent avec lui, se voit privé de tout autre lien physique avec les autres et doit faire le sacrifice de son corps, de son sexe qu'il offre au dieu de son cœur comme dans le Deutéronome. Comment ne pas voir que l'Église catholique exige de certains des siens le retour au sacrifice antique ? La castration qu'on n'ose même pas appliquer au violeur d'enfants qui tue ses victimes, sous prétexte que la jouissance sexuelle est humaine et qu'on n'est pas des sauvages, la castration s'applique aux serviteurs de Dieu, qui ont perdu peu à peu, au cours de ce siècle, le contact avec une humanité « jouissante » et « communicante ».

Les prêtres nous parlent à travers un corps sacrifié, qui pourrait aujourd'hui les entendre ?

CONCLUSION

Une conclusion? psychanalytique? sociologique? éducative? Je pense que la lecture de ces quelques chapitres vous permettra de donner la vôtre, vous qui êtes parents, éducateurs, professeurs, sociologues ou médecins.

Pour moi je me bornerai à vous dire que les découvertes freudiennes du siècle dernier m'apparaissent comme les racines d'un baobab dont je ne finis pas, en tant qu'analyste, de mesurer l'envergure ni l'ombre portée.

Freud, en nous ouvrant quelques portes sur la clinique du sujet et sur la naissance des névroses, nous a révélé l'existence de mauvais parents, contraignants, obsessionnels, autoritaires, dont les désirs pouvaient briser ceux de l'enfant dès le berceau.

Alors nous avons voulu faire « autrement », nous avons voulu échapper à la malédiction freudienne et nous n'avons plus voulu que des enfants souhaités et réussis; là ont commencé les problèmes car comment assurer juste ce qu'il faut d'amour (trop d'amour retient l'enfant et le maintient dans la régression), juste ce qu'il faut de frustration (s'il y en a trop l'enfant renonce à son désir et devient indifférent) et juste ce qu'il faut de sévérité (trop de sévérité lui fait croire qu'il n'a pas sa place et trop peu lui fait croire qu'il habite un monde sans bornes ni sécurité) ?

Freud savait que l'éducation était une profession impossible, et nous, pour ne pas être taxés de parents incompétents, nous préférons différer l'éducation et nous en remettre aux enseignants, aux juges et aux policiers dont aucun ne pourra redresser ce qui est déjà tellement établi chez nos enfants dès l'âge de 4 ans : « Je suis un enfant, vous n'avez pas le droit de me dire non ! » C'est pourquoi aujourd'hui, devant ces grands adolescents sourds à toute Loi, les enseignants déclarent forfait et les parents jugent les enseignants incapables (ils voudraient les voir défaire logiquement ce qu'ils ont fait et établi illogiquement et inconsciemment, rien de moins !).

Si l'adolescent se comporte violemment à l'extérieur de chez lui, c'est bien parce que dans sa famille il ne peut pas agir ainsi sans risquer de faire craquer son père ou pleurer sa mère et ce n'est pas ce qu'il veut ; ce qu'il veut, c'est trouver devant lui enfin un pouvoir plus fort que le sien et qui lui résiste, un être humain plus aimant que lui et qui n'éprouve pas la peur de l'être moins, quelqu'un enfin qui ait le courage de ses opinions. Ce que recherche l'adolescent, c'est un interlocuteur capable de dialoguer avec lui et de lui montrer qu'un adulte n'est pas toujours obnubilé par le désir d'être « bon parent » mais peut aussi choisir tout simplement d'être ce qu'il est : celui qui a une génération de plus que lui et qui se pose quelques questions sur l'avenir technologique et sociologique de la planète, autrement dit qui a d'autres préoccupations que la satisfaction de ses désirs immédiats.

Le problème éducatif très général actuel est que depuis que nous faisons des enfants au nom de notre désir, nous les voulons parfaitement heureux – puisque le désir, disent les psychanalystes, est sans limites – et peu d'entre nous ont le courage, dans les premières années, de s'opposer à leurs demandes et encore moins nombreux sommes-nous à oser leur imposer une loi lors de l'adolescence.

On croit aujourd'hui que la violence est dirigée contre les arrivistes, les nantis, les élus de cette société mais en fait nous vivons une violence détournée de son premier objet : les parents. Qui pourra nous remplacer auprès de ceux que nous aimons comme nous-mêmes et protégeons au-delà de nous-mêmes dans une famille où plus rien n'est prévisible ? Au sein d'une société qui devient capitaliste, technique et futuriste et dans laquelle nous ne voyons plus tellement la place de l'*Homo faber*... En mutation nous-mêmes, comment nos enfants ne seraient-ils pas des mutants ?

TABLE DES MATIÈRES

Impression réalisée sur CAMERON par
BRODARD ET TAUPIN
La Flèche

pour le compte des Éditions Fayard
en février 1999

Imprimé en France
Dépôt légal : février 1999
N° d'édition : 3919 – N° d'impression : 6309V
35-57-0391-05/9
ISBN : 2-213-60191-7